Paul Stefan
Toscanini

SEVERUS Verlag

ISBN: 978-3-95801-408-4
Druck: SEVERUS Verlag, 2016

Der SEVERUS Verlag ist ein Imprint der Diplomica Verlag GmbH.
Bibliografische Information der Deutschen Nationalbibliothek:
Die Deutsche Nationalbibliothek verzeichnet diese Publikation in der Deutschen National-
bibliografie; detaillierte bibliografische Daten sind im Internet über http://dnb.d-nb.de
abrufbar.

© SEVERUS Verlag, 2016
http://www.severus-verlag.de
Printed in Germany
Alle Rechte vorbehalten.
Der SEVERUS Verlag übernimmt keine juristische Verantwortung oder irgendeine Haftung
für evtl. fehlerhafte Angaben und deren Folgen.

PAUL STEFAN

Arturo Toscanini

Mit einem Geleitwort

von

STEFAN ZWEIG

Mit 54 Abbildungen

Sempre lo stesso sarò io
sempre lo stesso il mio fuoco

LIONARDO

Bildnis

„Den lieb ich, der Unmögliches begehrt". — *Faust, II. Teil*

JEDER VERSUCH, die Gestalt ARTURO TOSCANINI's dem vergänglichen Element der nachschaffenden Musik zu entziehen und in der beständigeren Materie des Wortes zu bewahren, muß unwillkürlich mehr werden als bloß Biographie eines Dirigenten; wer Toscaninis Dienst an dem Genius der Musik und seine magische Macht über jede Menschengemeinschaft zu veranschaulichen sucht, schildert vor allem eine moralische Tat.

Denn in Toscanini dient einer der wahrhaftigsten Menschen unserer gegenwärtigen Welt der immanenten Wahrheit des Kunstwerkes mit einer derart fanatischen Werktreue, mit einer so unerbittlichen Strenge und gleichzeitigen Demut, wie wir sie heute kaum in einer andern Sphäre des Schöpferischen bewundern dürfen. Er dient ohne Stolz, ohne Hochmut, ohne Eigenwillen dem höheren Willen der von ihm geliebten Meister, und zwar in allen Formen irdischen Dienens: mit der vermittelnden Kraft des Priesters und der Hingebung des Gläubigen, mit der zuchtvollen Strenge eines Lehrers und der rastlos bemühten Ehrfurcht eines ewig Lernenden.

Nie geht es diesem Hüter der heiligen Urformen in der Musik um ein Einzelnes, immer um das Ganze, nie um den äußeren Erfolg, sondern immer um die innere Durchsetzung der Werktreue, und weil er jedesmal und überall nicht bloß seine persönliche Genialität, sondern auch seine einzigartige sittliche und seelische Energie zum vollen Einsatz bringt, werden seine Taten nicht nur für diese eine Kunstform, sondern für alle Künste und Künstler zum vorbildlichen Ereignis. Hier überschwingt ein großartiger individueller Triumph den musikalischen Raum und wird zum überpersönlichen Sieg des schöpferischen Willens über die Schwerkraft der Materie, glorreiche Bestätigung, daß auch in brüchiger und zersprengter Zeit immer und immer wieder ein einzelner Mensch das Wunder der Vollendung zu erschaffen vermag.

Für diese unermeßliche Aufgabe hat sich Jahre und Jahre Toscanini die Seele gehärtet zu einer beispiellosen und darum beispielgebenden Unerbittlichkeit. In der Kunst zählt für ihn — dies seine sittliche Größe, dies seine menschliche Bürde — nur das Vollendete und nichts als das Vollendete. Alles andere, das ziemlich Lobenswerte, das annähernd Vollkommene, das bloß Approximative, ist für seinen Künstlertrotz überhaupt nicht vorhanden oder nur im Sinne der Feindschaft. Toscanini haßt die Konzilianz in jeder ihrer Formen, er verabscheut in der Kunst wie im Leben das freundliche Sichbescheiden, das billige Sichzufriedengeben, das Kompromiß. Vergeblich, ihn zu erinnern, ihn zu mahnen, daß das Vollendete, das Absolute, innerhalb unserer irdischen Sphäre eigentlich gar nicht erreichbar ist, daß auch dem grandiosesten Willen immer nur eine äußerste Annäherung verstattet ist an die Perfektion, die einzig Attribut Gottes bleibt und nicht des Menschen; nie wird er — herrlich unweise — diese weise Bescheidung anerkennen, für ihn gibt es nichts als das Absolute in der Kunst, und jenem dämonischen Helden Balzacs gleich verbringt er sein ganzes Leben in dieser „recherche de l'absolu". Jeder Wille aber, der ständig das Unerreichbare erreichen, das Unmögliche möglich machen will, erreicht in der Kunst und im Leben eine unwiderstehliche Wucht: einzig das Übermaß, niemals das Maß wird produktiv.

Wenn Toscanini will, müssen alle wollen, wenn er befiehlt, alle ihm gehorchen. Es ist undenkbar — jeder Musiker im Schatten seines magischen Stabes hat es bezeugt —, im Banne der von ihm ausbrechenden elementaren Gewalt müde, lässig oder ungenau zu bleiben; in geheimnisvoller Transfusion strömt etwas von seiner elektrisch geballten Energie in jeden Nerv und Muskel, sei es der Mitschaffenden, sei es der bloß Genießenden, über. Toscaninis Wille, einmal dem Werke zugewandt, hat sofort die Macht eines heiligen Terrors, eine das überwältigte Gefühl erst lähmende, dann aber weit über die eigenen Grenzen emportreibende Gewalt; mit seiner entladenen Spannungskraft erweitert er gewissermaßen das musikalische Gefühlsvolumen jedes Menschen über das bislang gültige Maß, er steigert die Kräfte, die Fähigkeit jedes Musikers und, fast möchte man sagen, sogar des leblosen Instruments. Wie aus jeder Partitur das Verborgenste und Geheimste, so holt er mit seinen ständigen Forderungen und Überforderungen aus jedem Einzelnen im Orchester das Äußerste und Letzte seiner individuellen Virtuosität, er zwingt ihm einen Werkfanatismus, eine Hochspannung des Wollens und Könnens auf, die der einzelne, losgelöst von ihm, nie vormals in gleicher Intensität empfunden hatte und nachdem kaum wieder erreicht.

Eine solche Willensvergewaltigung kann, man begreift es, nicht friedlich und gemächlich sich vollziehen. Eine solche Vollendung setzt notwendigerweise einen zähen, einen wilden, einen fanatischen Kampf um die Vollkommenheit voraus. Und es gehört zum Wunderbaren unserer Welt, zu den großartigsten Offenbarungen für jeden schaffenden und nachschaffenden Künstler, zu den wenigen unvergeßlichen Stunden eines Lebens, daß man bei Toscanini dieses Ringen um die Vollendung, diesen Kampf um das Maximum des Maximums, erregt, erschüttert, angespannt, mit einer atemberaubten und geradezu erschreckten Bewunderung sichtbar miterleben kann. Im allgemeinen vollzieht sich jener Kampf um die vollkommene Form bei Dichtern, Komponisten, bei Malern und Musikern in der verschlossenen Werkstatt. Höchstens aus ihren Skizzen und Manuskripten kann man späterhin annähernd die heilige Mühe des Schaffens ahnen; bei einer Probe Toscaninis aber erlebt man den Jakobskampf mit dem Engel der Vollendung visuell und akustisch mit und es ist allemal ein Schauspiel, beängstigend und großartig wie ein Gewitter. Wer immer um die Kunst bemüht ist, und in welcher Sphäre immer, empfängt hier eine beispielgebende, eine unvergleichliche Anfeuerung zur Werktreue, wenn er sieht, mit welcher Gewalt, welcher Intensität und sogar Brutalität hier ein einziger, von dem Dämon der Vollendung getriebener Mann aus jedem einzelnen Instrument, aus jedem einzelnen Menschen die Höchstleistung zwingt, wie er das bloß Ungefähre und Verschwommene mit einer heiligen Geduld und heiligen Ungeduld genau in das Maß seiner eigenen fehllosen und makellosen Vision des Werkes zwingt. Denn bei Toscanini — dies seine Besonderheit — entsteht die Auffassung des Werkes niemals mehr bei der Probe. Jede Symphonie eines Meisters ist längst innerlich ausgearbeitet, rhythmisch und plastisch bis in die leiseste Abschattung, ehe er an das Pult tritt; Proben bedeutet für ihn nicht mehr Schaffen, sondern nur Einpassen und Anpassen an diese innere, herrlich exakte Vision, denn immer ist Toscanini schon fertig mit seiner bildnerischen Arbeit, wenn die Musiker die ihre beginnen. Wochen um Wochen hat er in ganzen Nächten — dieser erstaunliche Körper benötigt nie mehr als drei bis vier Stunden Schlaf — die Blätter ganz nahe an sein kurzsichtiges Auge pressend, die Partitur durch- und durchgearbeitet, Takt für Takt und Note für Note. Sein eminentes Gefühl hat jede Nuance ausgewogen, seine sittliche Gewissenhaftigkeit über jede Betonung, über jede rhythmische Einzelheit sich geradezu philologische Rechenschaft gegeben. Nun ist seinem fehllosen, seinem unvergleichlichen Gedächtnis das Ganze so gegenwärtig wie jedes Detail, er benötigt die Partitur nicht mehr, er kann sie wegwerfen wie eine lästige Schale. Denn wie auf einem Rembrandt-Stich die leiseste Linie mit ihrer bestimmten Schärfe und Tiefe, mit ihrem besonderen persönlichen Schwung in die Kupferplatte, so ist jetzt schon in diesem musikalischesten aller Gehirne das Werk Takt für Takt unabänderlich eingestanzt, sobald er zur ersten Probe an das Pult tritt. Er weiß mit einer dämonischen Klarheit, was er will: nun gilt es, die andern diesem Willen willenlos zu unterwerfen, sein platonisches Vorbild, seine vollendete Vision in orchestralen Klang, die musikalische Idee in reale

Tonschwingung umzusetzen und einer Vielzahl von Musikern als Gesetz aufzuzwingen, was er, der eine, in sich schon mit sphärischer Vollkommenheit hört. Titanische Arbeit, unmöglich scheinendes Unterfangen: eine Gruppe verschiedenster Naturen und Talente soll mit photographischer, mit phonographischer Treue die geniale Vision eines einzelnen einheitlich erfühlen und verwirklichen! Aber gerade diese Arbeit, obwohl tausendmal schon glorreich getan, ist Toscaninis Lust und Qual, und einmal dies miterlebt zu haben, wie er in ständiger Angleichung jede Vielheit zur Einheit formt, wie er mit gespanntester Kraft das Verschwommene zum Vollkommenen hinaufführt, bleibt eine unvergeßliche Lehrstunde für jeden, der die Kunst in ihren höchsten Formen als Sinngebung des Sittlichen verehrt. Denn nur von diesen Stunden her begreift man Toscaninis Wirken nicht nur als künstlerische, sondern auch als ethische Tat. Die öffentlichen Konzerte, sie zeigen den Könner, den Künstler, den Virtuosen seines Handwerks, den Führer, den Triumphator, sie sind gleichsam schon der Einmarsch in das unterworfene Reich der Vollkommenheit. In den Proben aber erlebt man den Entscheidungskampf um die Vollendung, in ihnen allein erschließt sich das hintergründige, das wahre, das tragische Bild des ringenden Menschen, nur in ihnen versteht man den Mut und die Wut des hinreißenden Kämpfers in Toscanini; wie Schlachtfelder sind sie erfüllt von dem Tumult des Auf und Nieder, durchjagt vom Fieber um das Gelingen oder Nichtgelingen, in ihnen und nur in ihnen ist der Mensch in Toscanini bis zu seiner nackten Seele entblößt.

Und wirklich, wie zu einem Kampf geht Arturo Toscanini jedesmal zur Probe, schon äußerlich ist er verwandelt, sobald er den Saal betritt. Sieht man ihn sonst, mit sich allein oder in engerem Kreise, so wäre man paradoxerweise versucht, diesen feinhörigsten aller Menschen für schwerhörig zu halten. Denn er geht und sitzt meist mit einem fremden Blick, die Arme an sich gezogen, die Stirn verwölkt, etwas Abwesendes ist in ihm, etwas völlig Versperrtes gegen die äußere Welt. Unverkennbar: es arbeitet in ihm, er horcht, er träumt in sich hinein und alle Sinne sind nach innen gezogen. Kommt man ihm nahe oder spricht man ihn an, so schrickt er auf, die tiefen dunklen Augen brauchen dann eine halbe Minute oder eine ganze, um sich von innen nach außen zu wenden und selbst einen nahen Freund zu erkennen; derart ist er in sich versonnen und verloren, derart hermetisch abgeschlossen allem andern außer seiner innen wogenden Musik. Ein Tagträumer, ein Werkträumer, völlig in der Isolation und Konzentration des schaffenden und nachschaffenden Künstlers, so geht Toscanini durch die Stunden. Aber sofort in der

Minute, da er den Taktstock nimmt, da er sich vor die Aufgabe stellt, die er sich entgegengestellt fühlt, verwandelt sich diese Isoliertheit in eine höchste Verbundenheit, diese Verträumtheit in leidenschaftlichsten Tatwillen. Mit einem Ruck strafft sich seine Gestalt, plötzlich fährt etwas Militärisches, Martialisches in seinen Schultern hoch, er wird Kommandant, Befehlshaber, Diktator. Wachsam und feurig blitzen die sonst samtig dunklen Augen unter den buschigen Brauen vor, um den Mund spannt sich streng die Falte des Willens, an der Hand jeder Nerv, alle Organe sind sofort in einem Zustande höchster Wachheit, in angriffsmäßiger Bereitschaft, sobald er an das Pult tritt und mit einem napoleonischen Blick seinen Gegner mißt — denn die wartende Masse der Musiker, sie fühlt er in diesem Augenblick als eine noch unbezwungene Rotte, die er zu meistern hat, als ein gegenwilliges, ein widerstrebendes Wesen, dem es nun Zucht und Gesetz aufzuzwingen gilt. Er grüßt aufmunternd die Gefährten, er hebt den Taktstock, und in dieser Sekunde ist schon — wie in einem Blitzableiter die Elektrizität in dünner Spitze — sein ganzer Wille in diesem magischen Stäbchen hypnotisch versammelt. Nur ein Schwung jetzt, und das Element ist entfesselt, rhythmisch folgen die Instrumente seinem klar und männlich gegebenen Takt. Weiter, weiter, weiter, schon fühlt, schon atmet man mit. Da plötzlich — es tut förmlich weh, dieses jähe Aufhören, wie unter einem Hieb schrickt man zusammen — ein hartes, trockenes Klopfen mit dem Stab auf das Pult, die Musiker setzen ab in dem vollkommenen — für uns schon vollkommenen — Spiel. Es wird still, eine Leere steht erschreckt um ihn, und in dieser Stille hört man nun Toscaninis Stimme, ein müdes, ein ärgerliches „ma no! ma no!" Wie ein Seufzer der Enttäuschung klingt dieses Nein, dieser schmerzliche Vorwurf. Irgend etwas hat ihn erweckt, enttäuscht in seiner Vision, der lebendige Klang, der von den Instrumenten allvernehmbar hinschwang, war nicht derselbe, den er, Toscanini, mit dem inneren Ohre gewollt. Noch ganz ruhig, sachlich, höflich, versucht Toscanini nun seine Auffassung den Musikern verständlich zu machen. Dann hebt er den Taktstock, man beginnt von neuem an der brüchigen Stelle, schon rückt die Ausführung näher an sein erträumtes Klangbild heran, aber noch immer ist die letzte Übereinstimmung nicht erreicht, noch immer deckt sich nicht restlos Rand zu Rand die orchestrale Ausführung mit der inneren Vision. Nochmals klopft Toscanini ab, erregter, leidenschaftlicher, ungeduldiger wird schon seine Erklärung; weil er Deutlichkeit will, wird er deutsamer. Allmählich entfalten sich aus ihm alle Kräfte der Überredung und die gestikulative Begabung des Italieners wird in seinem prachtvoll ausdrucksvollen

Körper geradezu zum Genie. Selbst der Unmusikalischeste muß aus seinen Gesten jetzt schon fühlen, was er eigentlich will und fordert, wenn er den Rhythmus vortaktiert, wenn er beschwörend die Arme entbreitet oder wieder glühend ans Herz preßt, um die geforderte stärkere Empfindung zu akzentuieren, wenn er, mit dem ganzen Körper plastisch arbeitend, das ideale Tonbild gleichsam visuell herausmodelliert. Leidenschaftlich und immer leidenschaftlicher setzt er alle Überredungskräfte ein, er bittet, beschwört, bettelt, fordert, gestikuliert, er zählt, er singt vor, er verwandelt sich in jedes einzelne Instrument, sobald er es aneifern will, allsichtbar fahren ihm die Bewegungen des Geigenden, des Blasenden, des Paukenden in die Hände und ein Bildhauer (man vergleiche die Probenphotographien in diesem Buch), der menschliche Bitte und Ungeduld, Sehnsucht, Anspannung und inbrünstiges Drängen symbolisch darstellen wollte, fände kein wundervolleres Modell als diese tonbildnerischen Gesten Toscaninis. Wenn aber trotz diesen Anfeuerungen trotz diesen nervösen Versichtlichungen das Orchester seine individuelle Vision noch immer nicht begreift und erreicht, wird dies Leiden an dem Nochnichterreichten, an der irdischen Unzulänglichkeit bei Toscanini geradezu zum Schmerz. Er stöhnt auf wie ein Verwundeter in seiner verletzten Feinhörigkeit, er gerät völlig außer sich, weil er so völlig in seiner Arbeit verharrt. Er vergißt alle Hemmungen der Höflichkeit, weil er nur die Hemmungen im Werke spürt, ein Zorn gegen den dumpfen Widerstand der Materie fährt ihm ins unbeherrschte Wort, er schreit, er tobt, er schimpft und beschimpft, und man versteht, warum er nur vertrautesten Freunden den Zugang zu diesen Proben gestattet, wo er sich jedesmal als den Besiegten weiß seiner ungeheuren und unersättlichen Leidenschaft zur Vollkommenheit. Erschütternder und erschütternder wird das Schauspiel dieses Ringens, je gewaltsamer Toscanini die letzte, die äußerste Form, seine geträumte, seine so sphärisch gehörte Form des Werkes den Musikern entreißen will. Sein Körper bebt allmählich vor Erregung wie der eines Ringers während des Kampfes, die Stimme wird heiser von den unablässigen Anfeuerungen, der Schweiß strömt ihm von der Stirn, erschöpft, gealtert erscheint er immer nach diesen unermeßlichen Stunden unermeßlicher Arbeit; aber nicht einen Zoll vor der Vollendung, vor seiner erträumten Vollendung gibt er nach. Mit immer neu anspringender Energie treibt er vorwärts und vorwärts, bis endlich die Masse der Musiker restlos sein Wille geworden ist und seine Vision makellos zum Werk.

Nur wer dieses Ringen, dieses tagelange zähe Ringen um das einzelne und einzelnste der Vollendung einmal von Probe zu Probe, von Stufe zu Stufe mit ansehen durfte, weiß um das Heroische in Toscanini, nur der ahnt den Preis jener Vollkommenheit, die das Publikum bei ihm schon als Selbstverständlichkeit bewundert. Aber immer ist die höchste Stufe des Könnens nur dort erreicht, wo das Schwierigste wie das Natürlichste, wenn das Vollkommene als das Selbstverständliche wirkt. Sieht man Toscanini abends im überfüllten Saal, Magier und Gebieter über die hörige Schar des Orchesters, gleichsam ganz mühelos mit seiner Zeichengebung die Musiker wie Hypnotisierte führend, so scheint dieser Triumph ohne Kampf gewonnen und er selbst die Summe aller Sicherheit, der höchste Ausdruck der Sieghaftigkeit. Aber in Wahrheit gilt keine Aufgabe jemals für Toscanini als vollendet gelöst, und was das Publikum als Endgültigkeit bewundert, ist ihm unterdes schon wieder zum Problem geworden. An keinem Werk fühlt trotz fünfzig Jahren Vertrautheit der bald Siebzigjährige ein volles und reines Zufriedensein, bei jedem immer wieder von einem Male zum andern nur die erregte Ungewißheit des neu und neu sich versuchenden Künstlers. Nie kennt er ein eitles Behagen, nie, wie Nietzsche sagt, das „braune Glück" der Entspannung, des Selbstbezaubertseins. Vielleicht ist niemand unter den Lebenden, der an der Unvollkommenheit alles Instrumentalen gegenüber dem visionär gehörten Klange so tragisch leidet wie dieser, der sein Orchester am großartigsten bemeistert. Denn andern ähnlich Leidenschaftlichen unter den Dirigenten sind doch wenigstens flüchtige Augenblicke der Verzückung gegeben. Bruno Walter, sein apollinischer Bruder in der Musik, hat, man fühlt es, manchmal Sekunden des Erlöst- und Begnadetseins mitten im Werke. Wenn er Mozart spielt oder dirigiert, ist hin und wieder sein Antlitz unbewußt angeleuchtet von einem Widerschein dieses seligen Lichts. Er fühlt sich getragen von der selbstgeschaffenen Woge, er lächelt, ohne es zu spüren, er träumt, er schwebt in den Armen der Musik. Solche Gnade des Sichvergessenkönnens ist Toscanini, dem Unersättlichen, dem großen Gefangenen der Vollendung, niemals gegeben. Eine wilde Sehnsucht verzehrt ihn nach immer höheren Formen der Vollkommenheit, und es ist durchaus keine künstliche Pose bei diesem wahrhaftigsten Manne, wenn er am Ende jedes Konzertes, vom Beifall umstürmt, jedesmal mit einem befangenen und beschämten, mit einem scheuen und bestürzten Blick vom Pulte tritt, wenn er unwillig und nur, um der Höflichkeit Genüge zu tun, dem dröhnenden Enthusiasmus der Menge dankt. Denn über allem Erreichten und Errungenen schwebt für ihn eine geheimnisvolle, eine mystische Trauer. Er weiß, daß auch das heldisch Erzwungene in seinem nachschaffenden Element keine Bleibe hat, er fühlt, wie Keats, sein Werk „in Wasser geschrieben", hingespült in die Woge der Vergänglichkeit, nicht mit den Sinnen, nicht in der Seele dauernd festzuhalten: darum kann kein Erfolg ihn betören, kein Triumph ihn berauschen. Er weiß, daß im orchestralen Raum nichts für immer getan ist und jede Vollendung von Werk zu Werk, von Stunde zu Stunde wieder neu errungen und erzwungen werden muß. Wie kaum einer weiß dieser große Friedlose, weil nie zu Befriedigende: Kunst ist ein ewiger Krieg, nie ein Ende, sondern ein unablässiger Anbeginn.

Eine solche sittliche Strenge der Auffassung und des Charakters ist ein Ereignis im Raume unserer Kunst und unseres Lebens. Aber beklagen wir es nicht, daß eine so reine und zuchtvolle Erscheinung wie Toscanini eine seltene bleibt und daß nur an wenigen Tagen des Jahres uns das Glück getan ist, vollendete Werke von diesem vollendeten Meister in vollendeter Weise dargeboten zu hören. Nichts ist ja gefährlicher für die Würde und das Ethos der Kunst als das Geölte und Bequeme unseres tagtäglichen Kunstbetriebes, als die Leichtigkeit, mit der heute durch Radio und Grammophon das Erlauchteste zu jeder Stunde auch dem Lässigsten handgreiflich wird; denn diese Bequemlichkeit läßt die meisten die Mühe der Schöpfung vergessen und ohne Spannung und Ehrfurcht Kunst in sich aufnehmen wie Bier oder Brot. Wohltat und geistige Wollust ist es darum, in solcher Zeit einen am Werke zu sehen, der durch die Gewalt seiner Erscheinung wieder bezwingend erinnert, daß Kunst eine heilige Mühsal ist, apostolischer Dienst an dem unerreichbar Göttlichen unserer Welt, nicht Geschenk des Zufalls, sondern erdiente Gnade, nicht laue Lust, sondern auch schöpferische Not. Toscanini hat kraft seines Genius sosehr wie kraft seines unbeugsamen Charakters das Wunder erreicht, Millionen zu zwingen, das glorreich überlieferte Erbe der Musik als lebendigsten Wert der Gegenwart zu empfinden, und diese seine Tat innerhalb der nachschaffenden Musik wirkt fruchtbar hinaus über ihre Grenzen: immer ist, was im Raum einer Kunst glorreich vollbracht ist, gleichzeitig für alle getan. Immer führt nur der außerordentliche Mensch die andern zu Ordnung und Unterordnung zurück. Und nichts macht uns ehrfürchtiger vor diesem großen Anwalt der Werktreue, als daß es ihm gelungen ist, selbst eine so tief verwirrte und ungläubige Zeit wie die unsere noch einmal wieder Ehrfurcht vor ihren heiligsten Werken und Werten zu lehren.

Stefan Zweig

I. Aufgabe

Das Buch von einem Dirigenten, einem der größten, die es je gegeben hat, einem Einzigen... Aber was läßt sich, sooft es schon versucht worden ist, über einen Dirigenten sagen? Ist es nicht überhaupt für uns und unser Zeitalter bezeichnend, daß sich die Aufmerksamkeit immer mehr dem Dirigenten zuwendet, dem Interpreten überhaupt — so ja auch dem Regisseur, besonders in der Oper, während allerdings der Sänger, der Instrumentalvirtuose nicht mehr die gleiche Bedeutung hat wie etwa noch in der ersten Hälfte des neunzehnten Jahrhunderts. Diese Tendenz der Zeit wird offenkundig beim Film, dessen Gefolge fast nur den Regisseur, den Darsteller kennt und nennt, während der Verfasser des Manuskripts kaum noch erwähnt wird. Solchen Mißbrauch also noch fördern? Wieder einen der Stars, der Virtuosen von heute stärker ins grelle Licht des Ruhms rücken, aus dem die schaffenden Künstler dieser Gegenwart so gut wie verschwunden sind, sofern sie nicht der Zeit und ihren Gelüsten willfährig dienen... Immer vorausgesetzt, daß man von dem Virtuosen des Taktstocks etwas aussagen kann, was mehr wäre als Lobgesang: was das Bild eines solchen Menschen nachzuformen, seine Wirkung zu erklären oder zu deuten vermöchte.

Aber Toscanini ist kein Star, kein Virtuose. Er ist etwas durchaus anderes, wenn sich auch das eine Wort nicht sogleich finden läßt, das ihn unumstößlich kennzeichnen würde. Es ist auch nicht so ganz richtig, daß wir heute in der Überschätzung des Interpreten aufgehen. Der Interpret gehört zu unserer Art Kunst und vor allem Musik: wenn er sich in ihr und erst in ihr entfalten kann, so braucht sie ihn anderseits — das ist ihr Wesen. Gewiß, es gibt Orchester ohne Dirigenten, nicht nur in Rußland, das gelegentlich einem „Kollektiv" recht geben möchte gegen die allzu deutlich beleuchtete Individualität. Diese Orchester spielen sicher und korrekt. Was ihnen zu weiterem fehlt, ist vielleicht nicht viel, und doch, in einem höheren Sinn, alles: der Mensch, der ein Magier ist oder sein müßte — Mensch, der zwischen Schöpfer, Werk und Wiedergabe wohl immer da war. Darum hat der Schöpfer des Kunstwerks, wenn er noch so fest seiner Erleuchtung und dem Werk vertraute, noch so eremitisch einsam und weltfern lebte, an diesen Mittler-Menschen auch immer gedacht.

*

Weil der Chor des griechischen Dramas zusammengehalten werden mußte, stampfte ein Dirigent den Takt, sogar mit eisenbeschlagenen Sohlen. In den Kirchen des Gregorianischen Chorals zeichnete er

Tonhöhe und Tondauer, die Notenwerte ergänzend, mit der Hand in die Luft. Später dirigierte einer vom Continuo-Instrument aus, noch später am ersten Geigenpult — und wenn Wagner die Pariser Interpretation der Symphonien Beethovens beispielhaft fand, so saß der Dirigent Habeneck noch an diesem Pult des Konzertmeisters. Der erste allerdings, der den Dirigenten zum Problem machte, erster Dirigent in unserem Sinn war Weber. Sein Orchester — wie das eines Berlioz — braucht den Mann, der nicht mehr mitspielt, sondern nur noch Zeichen gibt, geistig leitet, wohlbedacht vermittelt. Wagner selber wird mehr als bloß der Amtsnachfolger dieses Dresdner Hofkapellmeisters Weber. Er deutet nachschöpferisch aus, in Wort und Beispiel, was er, der Musiker-Schöpfer, gegeben hat. In seinem Zeichen steht der Dirigent des eigenen Rechts, der doch nichts als das Werk suchen soll. Gleichzeitig etwa verwünscht Verdi den „schöpferischen" Dirigenten: brächte doch, so schreibt er einmal in seiner Leidenschaftlichkeit, der Kapellmeister nur heraus, was in den Noten steht — so gut wie nie habe er, der Komponist, bei der Wiedergabe das gehört, was er deutlich hingeschrieben habe! Aber gerade der Fanatismus dieses in den Opernhäusern allenthalben von jeher viel mißhandelten Meisters verlangt den waltenden Dirigenten — wie anders klingen seine Partituren, wenn ein Toscanini Orchester und Bühne verzaubert...

Auf Wagner gehen die zwei Typen des Dirigenten von gestern und heute zurück, die er selber eingesetzt hat: der objektive (Hans Richter, Levi) und der subjektive (Hans von Bülow). Aber diese Einteilung ist zu einem guten Teil schematisch, denn auch Richter und Levi waren Persönlichkeiten, und wie große, und Bülow blieb bei allen Eigenheiten ein werktreuer Interpret. Nur angenähert richtig ist es auch, wenn man jetzt Furtwängler als Repräsentanten des subjektiven Dirigenten bezeichnen möchte — Toscanini wäre dann der „objektive".

Er ist etwas ganz anderes. Vielleicht überhaupt kein „Interpret", sondern Stellvertreter des Komponisten — sein anderes und oft sein besseres Ich. Mit der höchsten Treue wacht er über jedem der geheimnisvollen Zeichen, deren Gesamtheit die Partitur ergibt. Aber da er sich zuvor in die Welt des Werkschöpfers eingelebt, eingefügt hat, vollzieht sich in ihm das Mysterium dieser Schöpfung ein zweites Mal — und es wird ihm vielleicht sogar deutlicher bewußt als dem „Urheber" selbst. Er ist somit nichts weniger als der oft kleinlich-eitle und selbstsüchtige „schöpferische Dirigent", den Verdi gegeißelt hat und den noch heute die Gedankenlosigkeit unserer Reportage in ihren Klischees rühmt. Sondern er ist der Hellseher, der Erleuchtete, der sich noch einmal des Schöpfungsaktes bewußt wird: er ist es, der, noch weiter gehend, diese Schöpfung verwirklicht oder, wie die romanischen Sprachen sagen, „realisiert".

Das ist nun freilich nur einem Menschen und Künstler möglich, der, bewußt oder unbewußt, in einem höheren Reich zu Hause ist — einem (das Wort sei gewagt) eingeweihten, magisch begabten Mann. Das heißt, um hier jeden Mißbrauch eines Beinahe-schon-Modewortes auszuschließen: einem solchen, der tote Zeichen lebendig machen und mit seinen Ahnungen, mit den Fühlern seiner Seele dahin dringen kann, wo es noch nicht einmal Zeichen, aber Ideen und geheime Kräfte gibt. Solche Eigenschaften, ein solches Sein Toscanini zuzusprechen, könnte Willkür oder Phrase scheinen. Aber jeder von seinen Zuhörern wird das Ergebnis bestätigen müssen. Hier ist, sofern sich ein bescheidener Deuter anmaßen darf, in die letzte Tiefe vorgedrungen zu sein, das Wesen der Erscheinung, der Sinn des Wunders Toscanini.

*

Was aber läßt sich von diesem allen sagen, schildern, erzählen? Vielleicht nur der äußere Ablauf eines Lebens, tausend scheinbar nicht mehr bedeutungsreiche Einzelheiten, die Photomontage der Erinnerung — daß manches von dem Besten dieser Wirksamkeit von einer wohltätigen Maschine festgehalten ist, hat mit dem Beginnen dieses Buches nur mittelbar zu tun. Das Buch aber möchte mehr sein als eine noch so getreue Sammlung von Geschehnissen, Spiegelung von Eindrücken, Verweilen bei Ereignissen, sei es auch von solchen besonderer Art. Was innen ist, formt sich auch nach außen hin. Wir halten an dem großen Zusammenhang der gegenwärtigen Geschichte fest, durch die ein Meister wie Toscanini schreitet. Ein halbes Jahrhundert wird abgeleuchtet. Nichts steht für sich allein.

*

Die Gestalt sollte deutlicher nachgezeichnet werden als es bisher, mit meist nur flüchtigen Strichen geschehen konnte. Diese Gestalt sei nun nicht mehr der in Italien (vor allem, wie sich von selbst versteht, in Mailand) berühmte Meister, nicht der amerikanische Toscanini — es kann nur, weltbürgerlich gesehen und mit den Augen des Wiedererkennens geschaut, der Große sein, vor dem sich Bewunderer aus aller Welt in Ehrfurcht neigen. Dieser ganzen Welt gehört er, schon vermöge einer Wirksamkeit, die von Südamerika nach Skandinavien reichte und von Weltmittelpunkten der Musik immer wieder ausging: da sind Mailand und New York, Bayreuth, Wien und Salzburg. Es gilt, die Stationen dieses Leidens- und Triumphwegs abzuschreiten.

Wer würde nicht begeistert alles Wissen und Können, exaktes und dichterisches Vermögen (beides zusammen macht erst den Menschen- und vor allem den Künstler-Deuter aus) in den Dienst eines Toscanini stellen? Viele haben es schon getan; ungezählte Ausschnitte aus Zeitungen und Zeitschriften, Essays, Abhandlungen, Einführungen, ein paar kleinere Bücher über den Mann und seine Kunst sind zu diesem Zweck gelesen worden. Sie bereiteten das Wissen, trugen Daten herbei, warfen viel Scheinwerferlicht auf Konturen. Was war damit gewonnen? Wenig, wenn nicht die Intuition hinzukäme. Wer einem Toscanini gerecht werden will, muß von dem tiefsten Wesen aller schaffenden und nachschaffenden Kunst wenigstens berührt worden sein. Es geht um Kräfte, die man sich zu nennen scheut, wenn sie überhaupt nennbar sind.

*

Von den fünf Jahrzehnten des Dirigenten Toscanini hat wenigstens eines mich begierig Aufnehmenden immer wieder mit ihm zusammengeführt, seit dem *Nerone* von Bologna: in Mailand, in Busseto, in Wien, Berlin, Bayreuth, Salzburg und wieder Wien. Dann schwieg die Gewohnheit des täglichen Musikhörens und die Routine des kritischen Betriebs war aufgehoben. Unsereiner, nicht nur Empfangsapparat, sondern mitschwingend, wenn ein großer Impuls da ist, leuchtend in jedem echten Licht, weiß um die Festtage und die Sternstunden: er muß dann sprechen.

Das Wagnis wird dennoch deutlich bewußt; seine Größe, die Verantwortung macht immer wieder erzittern.

*

Viele Spuren sind sorgfältig verfolgt worden. Die wichtigsten führten zuletzt in das Haus des Sohnes, des Mailänder Doktors Walter Toscanini. Er hat gesammelt, was der souveräne Erlebens- und Schaffensstolz des Vaters achtlos verstreute. Viele Stunden wurden in dem lichten, geräumigen Zimmer einer Altes und Neues klug vereinenden Wohnung in Neu-Mailand verbracht. Es sei Walter Toscanini gedankt und allen, die sonst Wege zu dem Maestro eröffnet haben. Ein anderer Saal von Dokumenten erschloß sich: das Heim und der Amtsraum des Anwalts Luigi Ansbacher in derselben Stadt.

I. AUFGABE

Er ist nicht nur Rechtsfreund eines Arturo Toscanini, sondern auch sonst Freund, enthusiastischer Bewunderer seiner Kunst, einer von vielen, aber der nächsten einer. Die Bündel mit Akten, Ausschnitten, Aufzeichnungen über Gespräche, mit Hilfswerken, historischen Nachweisen türmen sich hier erst recht zur Höhe. Aber die Rede eines Getreuen sagte vielleicht noch mehr.

*

Es hätten gewiß noch mehr Menschen und Archive zu sprechen gehabt. Erlebnisgefährten aus manchen Jahren hätten das Wort nehmen müssen. Wie eindrucksvoll war etwa das Gespräch mit dem Schwager des Meisters, dem Professor Enrico Polo, Landsmann und Freund von der Konservatoriumszeit her. Ein Geiger, Lehrer und nobler Künstler erzählt, selig, wenn er an die Vergangenheit des Großen denkt, mit dem er auch wesensverwandt sein muß. In Wien fanden sich Dokumente aus der amerikanischen Zeit Toscaninis bei H. F. Peyser, dem mitteleuropäischen Musikberichterstatter einer großen New Yorker Zeitung. Die Geschichte der Mailänder Scala ist geschrieben. Aber hauptsächlich doch nur in Daten und Ziffern — und wie gerne wüßte man mehr von dieser ersten Mailänder Epoche eines Toscanini, wie gern aus der Metropolitan! Einwand: Man sei damals doch nicht dabei gewesen, könne also nicht Rechtens davon berichten. Welchem Historiker wird indes zugemutet, seine Kenntnis unmittelbarstem Miterleben zu danken? Und wenn er Zeitgenosse war — bleibt er dann nicht erst recht auf das Zeugnis anderer angewiesen? Die Quellen flossen hie und da spärlicher, dünner. Doch für keine Zeit in dem Leben des Meisters versagten sie völlig.

*

Irrtümer ergeben sich allerdings leicht und Legenden schlingen sich von einem zu dem andern weiter, der sie wiedergibt. Möge der Leser überzeugt sein, daß dieses Buch bestrebt war, der Wirklichkeit und Wahrheit zu dienen, sofern es dem nachschreitenden Historiker, dem Biographen jemals gelingen kann, die Dinge zu sehen und wiederzugeben, wie sie sich ereignet haben. Höher als diese Treue und Wirklichkeit der Ereignisse steht die Wahrheit des Geschauten. Um sie vor allem war es diesem Buch zu tun. Jedes Zusammentreffen mit Arturo Toscanini, aber vor allem jede Begegnung mit seinem Wirken und Werk bestätigte da Ahnungen und Geheimnisse. Möge vergönnt sein, daß dies innere Bild (gemeinsam mit vielen Bildern des äußeren Menschen) nun auch dem Leser erstehe!

II. Das Leben: Kindheit, Jugend, Lehre

DIE WIEGE des Kindes barg sich in einem Kleinleutehaus der Stadt Parma. Von diesen Leuten „jenseits des Flusses" war dort nicht viel und schon gar nicht viel Gutes zu hören. Die historische Herzogsstadt mit ihrer reichen Geschichte, ihren schönen Bauten, die Stadt, die Correggio sah, in ihrem Ruf und Ruhm noch heute seine Stadt, liegt eben „diesseits". Es ist aber auch eine musikberühmte Stadt. Parma gehört zu der Region des großen Verdi — wie nah ist es zu seinem Busseto, dem Herrschaftsgut in der Nähe des Weilers, in dem er als ganz armes Kind zur Welt gekommen war; und das ist nicht bloß eine geographische Nähe. Gerade als Lehrstätte der Musik hat Parma Geltung gehabt. Hieher sandte der Genueser Vater sein Wunderkind Nicolo Paganini ans Konservatorium — Direktor war, knapp vor der Wende zum neunzehnten Jahrhundert, Paër, der Komponist einer andern Fidelio-Oper; Geigenlehrer Alessandro Rolla. Wir sind auch dem Land der Geigenmacher und Geigenkenner nahe. Aber wer ein Instrument kunstgerecht beherrschen will, muß von dem Ganzen der Musik etwas verstehen. Paganini lernte dieses Allgemeine seiner Kunst bei Paër, der junge Cellist Toscanini ein paar Jahrzehnte später bei Dacci, dem Konservatoriumsdirektor seiner Jugendzeit.

Am 25. März 1867 wurde Arturo Toscanini geboren. Der Vater, Handwerker, Schneider und Garibaldiner dazu, hieß Claudio, die Mutter Paola, mit dem Mädchennamen Montani. In dem Zeitungsarchiv des Enkels dieser beiden, bei Walter Toscanini, fanden sich nicht mehr vergilbte, sondern fast schon welke Ausschnitte aus Zeitungen mit Nachrichten über die ersten Jahre, die ersten Erfolge. Eine zitternde Hand hatte Herkunft und Datum bezeichnet. Das war die Mutter, die stolz und in aller Heimlichkeit — Arturo beachtete derlei nicht und hätte es späterhin gar nicht erlaubt — diese Berichte sammelte. Die Zeitungen hatten bald einen weiten Weg von dem Ort, wo sie gedruckt wurden, nach Parma — wir werden es sehen.

Mit neun Jahren, 1876, wurde Toscanini externer Schüler des Konservatoriums. Zwei Jahre später erhielt der Elfjährige einen Freiplatz in der Cello-Klasse des Professors Carini. Mit dem Ablauf des Schuljahrs 1885, im Sommer (nach andern Ende Oktober), verließ er die Schule mit einem Vorzugszeugnis („con lode distinta") über sein Cellospiel, das aber auch dem Pianisten und Kompositionsschüler galt.

Der Unterricht am Konservatorium ist für die ordentlichen Schüler intern, der Freiplatz bedeutet also auch freien Aufenthalt. Es wird erzählt, daß Arturo nicht sehr fleißig Cello übte, dafür um so häufiger am Klavier saß und den lauschenden Studiengefährten Opern vorspielte. Das muß etwas Besonderes gewesen sein — sie hörten alle zu und überhörten das Kommen der Aufsichtsperson. Schlimm: was nicht zum Unterricht und zu den vorgeschriebenen Übungen gehörte, war Allotria und blieb verboten. Dieser opernsehnsüchtige Toscanini bekam den Spitznamen „Genio", über den wir uns heute nicht wundern. Er wurde wütend, wenn man ihn damit aufzog. Was tat er sonst, ihn zu verdienen? Er komponierte. Die Bibliothek des Konservatoriums besitzt noch heute drei Orchesterpartituren; es sollen Schülerarbeiten sein. Gedruckt wurden (bei Guidici & Strada in Turin) eine Berceuse für Pianoforte, einige Romanzen für Gesang mit Klavier. Dann verstummte der Komponist, Genio ging als Cellist in die Welt, wirkte gelegentlich im Orchester von Parma mit und tat alsbald den großen Sprung in das Auswandererland von damals, nach Südamerika, nach Brasilien. Als von dort die ersten alarmierenden Meldungen über Arturo nach Hause kamen, beglückwünschte *La Riforma*, eine Zeitung, in Parma, vor allem den Direktor des Konservatoriums.

Aber eine Erinnerung an den Cellisten Toscanini von Parma — denn die Nachrichten seines Lebens werden nichts von ihm zu erzählen wissen, und wer seither Toscanini nennt, denkt nie an ein einzelnes Instrument, sondern immer gleich an das ganze Orchester —: wenn er, heute noch, eine Kantilene recht suggestiv bezeichnen und hervorheben will, nimmt die linke Hand des Dirigenten die Lage an, die dem Cellospieler ein schönes Vibrato gewährleisten würde: sofern sie nicht geradeswegs auf das Herz deutet. Ja, das Hand-Werk der Interpretation folgt ihm nach durch sein ganzes Leben — er hat nur seine Möglichkeiten vervielfacht und er gibt mit der wunderbar volkstümlichen Naivität des Romanen, des Italieners zu erkennen, wem alles Handwerk dienen soll: dem höchsten Gefühl, dem letzten erreichbaren Ausdruck.

III. Rio de Janeiro

ZWEI JAHRE nach der ehrenvollen Schulentlassung des Cellisten von Parma erscheint, 1887, in Mailand bei Carozzi ein Band des *Annuario teatrale Italiano*. Darin ist alles enthalten, was die italienischen Theaterunternehmer, ihre Schauspieler und Sänger angeht, auch Gesetzesbestimmungen und andere Vorschriften. Natürlich befaßt sich das mächtige Buch auch mit den italienischen Truppen außerhalb Europas. So findet sich (die Angaben gelten, wie sich versteht, für das vergangene Jahr 1886) die Impresa Claudio Rossi,

Theater in Sao Paolo und in Rio de Janeiro, beides Brasilien. Mit den Namen der Sänger weiß der Leser von heute, wenigstens der nichtitalienische, kaum noch viel anzufangen. Kapellmeister aber sind, in dieser Reihenfolge und ohne ihre Vornamen, angeführt: Miguez, Superti, Toscanini.

Dieser Toscanini kann doch noch nicht Zwanzig alt sein? Wann und wo hat er je zuvor dirigiert? Nirgends und nie; es sei denn das kleine Zufallsorchester, das sich im geheimen gebildet hatte, rund um das Klavier des Konservatoriumsschülers Arturo, des Genio, aufgestellt, um die Opernauszüge farbiger zu genießen — er hatte den Freunden dieser Stunden ohne Lehrer ihre Parte herausgeschrieben, aus der Partitur oder vielleicht nur „nach dem Gefühl". Einmal hat er auch bei einer öffentlichen Schüleraufführung des Konservatoriums ein Andante und ein Scherzo eigener Komposition zu Gehör gebracht. Aber dieser Arturo Toscanini ist ja auch gar nicht als Dirigent nach Rio berufen worden. Nein, brav als Cellist und brav hat er seinen Dienst in Sao Paolo versehen. Die Mitglieder des Orchesters sind meist Italiener wie die Sänger, die Unternehmer. Brasilianer aber ist Miguez, der erste Dirigent. Das Orchester schätzt ihn nicht. Wenn er aber nun in Rio, seiner Heimat, als man von Sao Paolo dahinkommt, mit den Leuten auch noch zu streiten anfängt und erklärt, auf die weitere Ausübung der Kapellmeisterei zu verzichten, glaubt er gewiß, das Unternehmen in Verlegenheit gebracht zu haben. Es ist auch so. Der andere Kapellmeister und Mitunternehmer Superti schickt sich an, die erste Vorstellung der Truppe in Rio, eine *Aida* zu dirigieren — aber da beginnt, von wem immer hervorgerufen, ein Theaterskandal. Superti geht ab. Wenn jedoch die Leute ihre Vorstellung aufgeben müssen, so ist das nicht nur für heute das Ende: alle diese Menschen aus der Fremde sehen sich mittellos und verlassen. Der Chordirektor versucht nun sein Glück. Vergebens, der Lärm dauert fort. Was tun? O — haben sie denn nicht einen Cellisten im Orchester, der ihnen aufgefallen ist, einen Musiker, der schon Chöre eingeübt hat, mit einem Zeugnis in der Tasche, das ihn zu mehr als Orchesterspiel berechtigen würde? Ans Pult mit Toscanini! Man drückt ihm den Taktstock in die Hand. Ein Neunzehnjähriger als Dirigent, ein halber Knabe: das beruhigt die lärmende Menge im Parkett und auf den Galerien. Wie ein wildes Tier, das man abgelenkt hat, ist sie still, das Spiel kann beginnen. Der Zeitungsbericht über diese Szene, die ein Leben entscheidet, sagt es nicht, aber es wird sonst versichert: das erste, was am Kapellmeisterpult geschieht, ist ein vernehmliches Zuklappen der Partitur. Auswendig oder nicht, man hat in Rio wohl schon lange nicht, wenn überhaupt jemals eine solche *Aida* gehört. Das Orchester, die Sänger geraten außer sich. Nach dem ersten Akt ein Orkan von Beifall, mindestens so stark wie der Spektakel vorhin. Der Cellist Toscanini ist von weiterem Orchesterspiel befreit; der Dirigent muß in dieser brasilianischen Saison noch viele Male ans Pult. Im Jahrbuch werden die Opern *Aida, Rigoletto, Trovatore, Favorita, Marion de Lorme, Gioconda, Faust, Hugenotten* genannt; aber es heißt, daß dieser Neuling des Dirigierens im ganzen sogar achtzehn Werke geleitet hat. Jener Zufall, den wir getrost Schicksal nennen dürfen, hat einer Urbegabung die Bahn gebrochen. „Benefiz" des Kapellmeisters wird der *Faust*. Dom Pedro, Kaiser von Brasilien, sendet ein kostbares Geschenk; auch das wird in die Heimat berichtet. Für später aber: wir wissen, was *Aida* und *Faust* unter Toscanini für Opern waren — davon muß man schon damals einen Hauch verspürt haben.

Ciampelli erinnert daran, daß Toscanini doch noch einmal als Cellist zu einer Orchestermitwirkung kam: bei der Uraufführung des *Othello* von Verdi an der Scala, 1887. Das war eine Huldigung des Musikers, Toscanini, eines damals schon geschätzten Dirigenten, für den von ihm zeitlebens verehrten Verdi, dazumal einen Mann von 75 Jahren und Halbgott in der Opernregion.

IV. Erste Wanderjahre

MAN FINDET Arturo Toscanini als Kapellmeister in Turin wieder. Diese besondere Musikstadt Italiens wird in Hinkunft eine Stätte, an die er immer wieder zurückkehrt. Er ist der wandernde Dirigent von Wandertruppen, wie sie in dem Italien von damals ohne Ausnahme vorkommen und sogar heute noch die Regel sind. Dafür gelangen diese Truppen auch in die kleineren und kleinsten von den „hundert Städten" des Landes. Aber jetzt gilt es, Zusammenhänge wiederherzustellen, ein Bild zu gewinnen. Mancher helle und manch ein greller Schein wird auf die Geschichte des italienischen Opernspiels fallen, aber auch auf die Operngeschichte ganz allgemein, die Beziehung von Nord und Süd, die Umformung des Melodrams, wie man in Italien ein wenig von obenher die Oper des Novecento nennt, einer von den Puristen gleichfalls nicht für voll erachteten Epoche. Und doch — ein Jahrhundert, dieses neunzehnte, das von Italien aus der Welt Werke von den späten Neapolitanern her über Cherubini, Rossini, Bellini, Donizetti zu Verdi, ja bis zu dem jungen Puccini geschenkt hat, die vielen ausgezeichneten Meister der zweiten-Reihe nicht gerechnet, verdient die Herabwürdigung nicht. Es schließt sich den glorreichen Zeiten der italienischen Musik mit dem Recht der wandelbaren Geschichte an. Wagner und später die „neue" Musik haben in manchen Köpfen Verwirrung gestiftet. Als ob in der Kunst das eine des andern Feind sein müßte! Wie kann sich Jan van Eyck mit Phidias nur messen? Ihr müßt — es sind Goethes Worte — den einen um den andern vergessen. Für den Augenblick vergessen — nicht versinken lassen, nicht schmähen. Es gibt Moden in der Kunst und man muß sie gelten lassen. Aber die großen Werke haben und behalten ihr Recht, den Zeitparolen und Schlagwörtern zum Trotz. Wenn sie es verloren zu haben scheinen, so nehmen sie es sich zurück.

Warum dieser Exkurs? Weil Toscanini zeitlebens, ohne viel nachzudenken, aus dem Instinkt von dem Recht dieser großen Meister und Werke, aber auch von den Pflichten des Interpreten alles Zeitnotwendige gewußt hat. Demütig hat er allen gedient. Aber seine große Liebe gehörte nur dem, was nicht das Zeichen der Vergänglichkeit trug. Es ist durchaus glaubhaft, daß er, darin wie Mahler, an den er ja überhaupt in so vielem erinnert, auch Alltagsopern mit dem Licht und Glück seines Wesens erfüllte und ihnen desto mehr zu geben hatte, je weniger sie selber enthielten. Als aber einmal ein solcher Komponist nach der Aufführung auf ihn zustürzte, um gerührt zu danken, wurde er von Toscanini angefaucht. Dein Werk, so hieß das wohl ungesprochen, taugt doch nicht viel — ich habe es nur eben auf die beste mögliche Art zum Klingen gebracht.

In dieser (wie man in Italien sagte) „grauen" Zone der mittleren Verwendungen, in der so viele dann überhaupt steckenblieben, tat Toscanini getreulich das Seine. Er studierte und dirigierte Opern, von denen wir heute gerade noch den Namen kennen, und gab jedem Wunsch ihrer Komponisten nach, die vielleicht der Geschichte gehören, sofern sie nicht auch diese schon vergessen hat. Wir werden aber sehen, daß sich, wenn er einmal selber den Spielplan entwerfen kann, immer deutlicher die Meister abzeichnen, die er versunken oder doch im Versinken glauben muß. Vor allem Verdi und seine großen Vorgänger (nicht Vorläufer!). Es sind Italiener und darum tut er ein eminent italienisches Werk — nicht bloß für seine Landsleute, sondern auch für den Norden. Wenn er es bewirkt, daß die Kunstverständigen einer halben Welt an die Scala pilgern, ja die Scala selber sich gleichsam in Bewegung setzt, um jenseits der Alpen *Lucia*, *Aida*, *Falstaff* aufzuführen, so entsteht das Erlebnis so ganz anderer „italienischer Opern", als man sie bei uns im Norden gewohnt war. Belanglose „Begleitungen" nahmen dramatische Bedeutung an, der Orchesterpart bekam sein eigenes Leben, die Stimmen erhielten ihren dramatischen

Charakter, ihren lyrischen Wohllaut zurück. Die Verdi-Renaissance, bei uns im deutschen Sprachgebiet durch einen großen Dichter literarisch begründet und gestützt, war bei Toscanini von jeher lebendige musikalisch-theatralische Praxis. Wenn die große Masse in der Oper und im Konzert, allenthalben, in ihm nur den grandiosen Interpreten sah — eben in seinen ersten und mittleren Jahren, denen des Opern-Apostolats, war der Kapellmeister und Direktor Toscanini so recht unmittelbar Sendbote der Geschichte. Seltsam wie die ihren sind seine Wege, denen wir jetzt zu folgen haben.

*

Schon im Herbst 1886, also in der sogleich auf Rio folgenden Spielzeit, dirigiert Toscanini in Turin die (für uns im Norden verschollene) *Edmea* von Catalani. Das Aufsehen ist nicht gering. Ein Neunzehnjähriger am Dirigentenpult! Eine zeitgenössische Karikatur zeigt ihn, das Bambino der Truppe, mit kurzen Höschen, mühsam in den zu großen Sessel des Dirigenten geschmiegt — und eine Zeitung sagt: Er ist schon eine Berühmtheit, dieser Mann ohne (den damals erforderlichen!) Bart. Beiläufig, es hat später auch einen bärtigen Toscanini gegeben; aber nicht lange.

Der nichtitalienische Leser fragt, wenn schon nicht nach der Oper, so doch nach dem Komponisten. Alfredo Catalani aus Lucca, 1854 geboren, wurde, für die Folge der Generationen bezeichnend, Nachfolger des opernberühmten Ponchielli als Lehrer für Komposition am Mailänder Konservatorium. Ein wenig später als diese *Edmea* komponierte er eine *Wally*, nach dem deutschen Roman *Die Geierwally* von Wilhelmine von Hillern. Auch diese Oper hat Toscanini dirigiert, sogar, schon um vieles später, in New York an der Metropolitan. Er fand aber, und schon darum wird hier davon gesprochen, nicht nur an der Musik, sondern auch an dem Komponisten Catalani Gefallen. Wenn zwei Kinder des Dirigenten Walter und Wally heißen, so kommen die Namen aus dieser Oper. Als Catalani 1893, ein Jahr nach der Aufführung der *Wally*, starb, hatte ihn Toscanini liebevoll bis zum Tode betreut.

1887 — es beginnt die Zeit der spärlichen Nachweisungen, Jahre, in denen nur mit einem Male das Licht eines kreisenden Scheinwerfers auf Stationen, vielleicht Zufalls-Stationen einer Laufbahn fällt — treffen wir Toscanini in Casale Monferrato, etwa zwischen Turin und Mailand. Er dirigiert auswendig, wie diesmal ausdrücklich hervorgehoben wird, die *Afrikanerin* — und es wird auch gerühmt, daß er ohne Affektation, ohne überflüssige Bewegung und Bewegungen ungemein wirksam und suggestiv das Orchester geleitet habe. Die Theaterzeitung des Verlegers Sonzogno, die das mitteilt, weiß auch um Aufführungen der *Lombardi* von Verdi und der *Gioconda*. Über Verona (*Carmen* und *Mignon*) geht es 1888 nach Macerata (*Aida*) und dann nach Mailand, aber zunächst an das Teatro dal Verme. Hier gibt es (Oktober und November) die *Forza del destino*, eine *Francesca da Rimini* von Cagnoni und eine Oper *Die Verlobten* (nach Manzoni) von Ponchielli. Immer wieder heißt es: „Der Mann ohne Bart, der eine Weltberühmtheit zu werden verspricht." Weiter nach Novara: Dezember *Die Hugenotten*, Januar und Februar des nächsten Jahres 1889 *Aida* und *Forza*. Im März Turin: *Carmen* — das ist ein Meister, sagen die Berichte; er hat nur einen Fehler (der später bedeutsam sein wird): er duldet keine Wiederholungen. Man weiß, daß auf das früher gewohnte frenetische Gebrüll „bis, bis!" nicht nur Virtuosenstücke der Sänger, sondern sogar Arien und Ensembles, ganze Szenen noch einmal beginnen mußten, ohne Rücksicht auf den dramatischen Vorgang: es wird noch einmal überrascht, gesiegt, gemordet, gestorben. Toscanini erlaubte das nie. Er geriet in diesen Wanderjahren einmal nach Palermo und dort gebot damals noch die Maffia. Die Menge erhob das gewohnte Beifallsgeschrei und verlangte Wiederbeginn; als Toscanini nicht nachgab, nahm sie, wie das Klischee sagt, eine drohende Haltung an. In Sizilien war nicht zu spassen: es schien dem Dirigenten an den Kragen zu gehen. Aber dem Häuptling der Maffia gefiel der junge Mensch, der so gar keine Angst zeigte. Er bot ihm seinen Schutz an, auch für später, und das Publikum mußte sich zufriedengeben, seine Lieblingsstücke diesen Abend nur ein einziges Mal zu hören. In der ersten Zeit an der Scala kostete es, im wörtlichsten Sinn, sogar Blut. Als einmal, und das war schon 1903, die Menge ihr Opfer behalten wollte, lief Toscanini davon, man fing ihn hinter einer Glastür ab, er aber hieb in die Scheiben, schlug sich die Hand blutig, rannte „mit dem Kopf durch die Wand", nämlich durch das Glas, blutete abermals — man mußte ihn freilassen. Am nächsten Morgen war er weg, nach Genua und sogleich auf ein Schiff. Er landete in Buenos Aires und blieb dort als Dirigent. Drei Jahre sah ihn die Scala nicht wieder.

V. Puccini

I<small>M</small> J<small>AHRE</small> 1890 dirigiert er in Brescia die heute vergessene Oper eines fast noch Unbekannten, das Erstlingswerk des jungen Puccini. Es ist nicht neu, sondern schon vor sechs Jahren in Mailand gegeben worden; schon hat sich, 1889, eine zweite, heute gleicherweise vergessene Oper angeschlossen: diesen *Le Villi* folgte ein *Edgar*. Aber die *Villi* war von Anfang an ein großer Erfolg, verwunderlich, wenn man allein ihren Text bedenkt — während die heute aller Welt gehörenden Meisterwerke von Puccini erst gar nicht so herzlich aufgenommen worden sind, sofern sie nicht überhaupt durchfielen wie *Madame Butterfly*. Puccini, Opernbeherrscher bei Lebzeiten wie nach seinem Tod, hatte in seinen Anfängen Mühe gehabt, Texte zu bekommen, und was ihm Ferdinando Fontana als *Le Villi* zurechtschrieb, war — ein Stück deutsche romantische Oper oder doch das, was sich der romanische Freund des romantischen Deutschland unter einem deutschen Stoff vorstellen mochte. Da hat ein Bauer eine Erbschaft gemacht und wandert nach Mainz, sie zu beheben. Dort entfremdet ihn ein Vamp seiner einfachen, guten Frau; gemeinsam bringen sie das Geld durch. Wie nun der Bauer zuletzt nach Hause will, überfallen ihn im Wald die Willis, Naturgeister, und tanzen ihn zu Tode. Das Russische Ballett hatte ein Stück nach derselben Sage in seinem Repertoire.

Von diesem ersten Werk des Meisters Puccini bis zu dem letzten, nicht mehr vollendeten, zur *Turandot*, bleiben die Namen und Schicksale verknüpft. Toscanini dirigiert *Manon Lescaut*, diese vielleicht reichste, noch ganz und gar sensationsfremde Partitur von Puccini. Die Uraufführung der *Bohème* (1. Februar 1896 in Turin) wird Toscanini anvertraut. Es ist kein sicherer Sieg zu erwarten — der Komponist befürchtet nach den verlegenen Gesichtern der Generalprobe alles andere. Seine Sänger sind tüchtig, aber er ist nicht recht zufrieden. Das Publikum auch nicht. Freundlicher Beifall. Die Kritik indes wird böse — und gleich auch prophetisch: dieses Werk wird nicht lange leben, in der Geschichte der Oper wird es nur eine flüchtige Spur zurücklassen, wie es ja auch nur flüchtig hingeschrieben ist. Von der Dirigentenleistung wird nicht viel gesprochen. Erst die Aufführung in Palermo, zwei Monate später, unter Mugnone, entscheidet mit ihrem Enthusiasmus einen Welterfolg — und da war man freilich nicht spröde, es gab keinen Toscanini, kein Maffiahäuptling mußte den Kapellmeister schützen: als die Zuhörer immer weiter rasten, erschien zuletzt Rodolfo abgeschminkt, die Mimi schon im Straßenkleid und starb zum zweitenmal, es ging eben nicht anders...

Die nächste Puccini-,,Welturaufführung" (wie man heute sagt) unter Toscanini ereignete sich an der Metropolitan. Es war am 10. Dezember 1910, in einer Zeit unbegrenzter prosperity also, wenn auch die Habitués von drüben schon das Ende des goldenen Zeitalters der Oper in Amerika feststellen zu müssen vermeinten. Da wurde die *Fanciulla del West* (Das Mädchen aus dem goldenen Westen) gegeben, mit italienischem Text gegeben, wie sich das an der Metropolitan von selbst verstand und bis heute versteht — jedes Werk, französisch, italienisch, deutsch, in der Sprache, in der es komponiert ist. Caruso und die Destinn sangen. Es wurden „phantastische" Preise für die Karten verlangt — Puccinis Tantième belief sich an diesem Abend auf 120.000 Lire; doch gab es gar keinen Sitz zu kaufen, weil jedermann dabei sein mußte, und da man das vorausgesehen hatte, nur Sitzinhaber zugelassen wurden, die sich mit ihrer Unterschrift verpflichtet hatten, ihre Karte nicht weiterzugeben; und das wurde kontrolliert. Die *Fanciulla* trat dann gleich die Reise nach Chicago und Boston an und wurde 1911, abermals unter Toscanini, in Rom aufgeführt. Eine weitere Uraufführung unter Toscanini hat der Komponist nicht mehr erlebt. Diese letzte war die *Turandot*, als Vermächtnis betreut von einem nun gereiften Meister, dem fast sechzigjährigen Dirigenten von 1926. Es war, an der Scala, ein musikalisches Weltereignis. Wir haben weit vorgegriffen, sprechen später davon und reihen uns wieder in den Ablauf der Geschichte ein — nicht ohne zwei Worte von Puccini anzuführen, die auch auf diesen selbst ihr Licht werfen: Toscanini ist (zitiert nach Spechts Puccini-Biographie) der Mann, der sich in eine Partitur eingräbt, wie der Bergmann, der im Gestein jedes Goldäderchen finden will; und wenn er auch kein Gold fände, er holt eines heraus. Das andere, fast hellsichtig: Toscanini dirigiert ein Werk nicht bloß, wie es in den Noten steht — nein, so wie es der Komponist geplant, im Geist vor sich gesehen und dann nicht niedergeschrieben hat. Nach der *Fanciulla* sagt er: „Toscanini hat diese Oper zum zweiten Male komponiert."

VI. In der Operngeschichte der Zeit . . .

DER NOCH junge Dirigent hat der jungen italienischen Generation der Neunzigerjahre zu helfen. Im August 1891 hat er in Sinigaglia die *Cavalleria rusticana* des seit ein paar Monaten erfolgumrauschten Mascagni dirigiert. Eben noch Figur der Mailänder Musik-Bohème, Wanderkapellmeister und zuletzt Dirigent der Stadtmusik in einem apulischen Nest, ist dieser Mascagni nun nicht bloß berühmt und unvorstellbar reich, sondern er gibt jetzt auch den Ton an, und nicht nur für die italienische Oper. Aber die vielberedete Duplizität der Ereignisse trifft nun wirklich zu — und diesmal ist es Toscanini selber, der die zweite Musteroper des Verismo zu ihrem ersten Erfolg führt: Uraufführung der *Pagliacci* von Leoncavallo am 17. Mai 1892 in Mailand, auf den Tag zwei Jahre nach der *Cavalleria*. Auch da wird ein Unbekannter, schon 34 Jahre alt, nach Opernversuchen und einem Vagantenleben in England, Frankreich, Ägypten, Klavierspiel in Cafés, Stundengeben, mit einemmal von der Sonne des Glücks erreicht. Noch einmal wird Toscanini Uraufführungsdirigent für Leoncavallo, aber da ist er schon Kapellmeister der Scala: bei der *Zaza*. Es ist im Jahre 1900.

In Genua setzte er 1892 seine schon bekannte Persönlichkeit für Franchetti ein. Es ist die Vierhundertjahrfeier für Columbus in seiner Geburtsstadt und Franchetti hat die Festoper *Colombo* komponiert; ihm wird sich Toscanini auch späterhin nicht versagen. Für den *Colombo* wird er obendrein Retter in der Not. In einer Nacht übernimmt er, unmittelbar vor der Aufführung, die Oper, die Mancinelli, einer der berühmtesten italienischen Kapellmeister der Zeit, dirigieren sollte. Er hat sich die Partitur in einer Nacht so sicher eingeprägt, daß er das ihm bishin unbekannte Werk auswendig leitet. Die Wanderfahrten gehen weiter, 1892 erreicht er Rom, 1893 ist er erst in Brescia, dann in Palermo. Im nächsten Jahre dirigiert er zum ersten Male die beiden Alterswerke seines vergötterten Verdi. Er hat ihm in den Jahren vorher mit der *Luisa Miller*, der *Forza*, dem *Boccanegra* huldigen können — denn jedesmal, wenn er Verdi dirigiert, bedeutet das für ihn eine Huldigung, etwas anderes als die Versuche mit gewissen Zeitgenossen, die er aus oft allzu großer Nähe durchschaut. Nun kommt er an den *Othello* (in Pisa), an den *Falstaff* (in Treviso). *Falstaff* wird dann eines seiner Lieblingswerke — man darf sagen, daß man die Oper nicht kennt, wenn man sie nicht in der sublimen Interpretation eines Toscanini in sich aufgenommen hat. Wohin immer Toscanini in der Folge kam, wo er wählen konnte, gab es einen *Falstaff*. Jetzt hat er ihn auch in Salzburg glorreich aufgeführt.

Während der Aufführung des *Othello* in Pisa, wie gerade Othello und Jago duettieren, wirft einer eine Bombe von der Galerie. Toscanini läßt den Königsmarsch und die Garibaldi-Hymne spielen, das Publikum beruhigt sich, die Vorstellung geht weiter.

In Genua und in Treviso eine *Loreley* des inzwischen verstorbenen Catalani. Abermals eine italienische Oper, die in nordisch-deutsches Stoffgebiet hinüberlangt. Sollte nicht Wagner den jungen italienischen Künstlern Mut gemacht haben, den Alpenwall zu überschreiten?

VII. Wagner

Es ist Zeit, von Wagners Macht über Toscanini und schon damit über Italien zu sprechen. Nicht als ob Toscanini der erste gewesen wäre, ihn dort zu erkennen. Die Magie Wagners, der seinem

Gesamtkunstwerk so viel Südliches zu erhalten verstand, nachdem er einmal, in seinem *Liebesverbot*, das Reich der italienischen Oper nicht nur gestreift hatte, sie ergriff alles: selbst den Patriarchen der italienischen Musik und Toscaninis anderen Abgott. Verdi leugnete Wagner nicht, er rang mit ihm, die letzten Werke zeigen es deutlich; aber er gab sich und Italien nicht auf und warnte vor den Nachbetern und Nachahmern. Eine nahe Zukunft, die er nun freilich nicht mehr schaute, sondern nur voraussah, gab Verdi mindestens so viel Recht wie dem Klingsor der Musik, der, zugleich ihr Parsifal, die letzten seelischen Überfeinerungen des *Tristan* und die überdeutsche Schönheit der *Meistersinger* einer verbürgerlichten Welt seiner Gegenwart zu schenken hatte. Wagner war zu sehr Künstler, sein Werk zu sehr Kunst, als daß es an den Norden und an ein einziges Volk gebunden sein konnte. Es mußte sich ein Südweg mitten ins Herz dieses theatralischen Kosmos finden lassen. Das haben, aus der Weltgeltung der Stadt Paris, aus dem Glanz der italienischen Luft und Sonne manche versucht. Aber es ist keinem gelungen wie Toscanini.

Tiefer Sinn liegt in diesem Suchen und Suchenmüssen. Es bezeugt, daß dem Geist keine Grenzen der Länder und der Herkunft gesetzt sind, daß jeder, der im Geist lebt, vom Geist getroffen worden ist, seine Sendung hat, die keine Schranken anerkennt; daß die Erde der Menschen von gutem Willen eine einzige ist. Gewiß gibt Toscanini, wenn er Wagner interpretiert, einen andern Wagner als etwa Furtwängler. Aber an dem Wesen von Wagner und Wagners Kunstwerk ändert sich nichts — außer, daß es uns in einem neuen und besondern Licht erscheint. Darum sagt es mehr als viele Reden und Untersuchungen, daß Toscanini kein anderes Werk Wagners mit der gleichen Liebe festhält und erneuert wie die *Meistersinger*, dieses sicherlich deutscheste. So wie den Deutschen die Sehnsucht nach dem Süden nicht freigibt, so wünscht der Italiener, wenn er Grenzen um sich und in sich zu überwinden gelernt hat, sein Widerspiel im Norden kennenzulernen. Der Geist, die Kunst macht eine gute Politik — oder würde sie machen.

Über alle Politik hinaus: es gibt Grenzen nur für solche, die sie nicht überfliegen können.

Toscanini hat Wagner schon 1878, noch als Konservatoriumsschüler also, kennengelernt. Damals dirigierte Pio Ferrari in Parma die *Tannhäuser*-Ouvertüre — merkwürdig, daß gerade der *Tannhäuser* auch einem Bruckner den Weg zu Wagner gezeigt hat. Erschrockenes Staunen des Konservatoristen, Ausbruch einer nie mehr zu bändigenden Bewunderung. Der Cellolehrer bringt die Orchesterstimme der Partitur in seine Stunde mit und läßt sie studieren; Toscanini findet sie für sich noch zu schwer. Sechs Jahre später, 1884, spielt er, schon weiter in der Erkenntnis und in der Fertigkeit, als Orchestercellist in der *Lohengrin*-Aufführung mit, die der Maestro Vanzo in Parma dirigiert — nach Bologna und Mailand ist Parma erst die dritte italienische Stadt, die sich an das Werk heranwagt; es war übrigens nach dem triumphalen Erfolg von Bologna in Mailand ausgepfiffen worden. Diesmal ist der Cellist, der Musiker außer sich: das ist die neue Welt.

1886 bereitet er den *Holländer* in Turin vor, darf aber noch nicht dirigieren. Erst 1892 leitet er das Werk selber. 1894 folgt in Genua der *Tannhäuser*. Im folgenden Jahre, 1895, dirigiert er die erste Aufführung der *Götterdämmerung* in Italien (Turin) und in derselben italienischen Stadt die Wiedergabe des *Tristan*. Auch den *Siegfried* hat er in Italien eingeführt, 1899, schon als Kapellmeister der Scala. Das erste Werk, das er an der Scala überhaupt dirigiert, sind 1898 die *Meistersinger*. Dreißig Jahre darnach, 1928, feiert man das Jubiläum dieser drei Jahrzehnte mit demselben Werk seiner Sehnsucht. Es darf hier gesagt werden, daß es Toscaninis Lebenswunsch war, die *Meistersinger* in Bayreuth zu dirigieren — damit wollte er von der Oper Abschied nehmen. Zu diesen Bayreuther *Meistersingern* ist es bislang nicht gekommen; in Salzburg werden sie vorbereitet.

VIII. „Über das Dirigieren"

ABER ES gibt ein Werk von Wagner, das sich nicht aufführen läßt und doch Toscanini so wesensnah beeinflußt hat, wie kaum ein anderes. Das ist Wagners Schrift-Botschaft *Über das Dirigieren*. Weil man viel davon spricht, aber nicht ebensoviel davon weiß, sei hier ein Wort darüber gesagt.

Wagner zielt (1869) auf eine Musikepoche, die mit der Interpretation Beethovens und neuerer Meister augenscheinlich noch nicht zu Rande gekommen ist. Weder technisch noch geistig vermag sie dergleichen zu bewältigen und sucht darum über Schwierigkeiten möglichst schnell, das ist allegro bis presto hinwegzukommen. Aber das richtige Tempo wird nicht nur von dem technischen Können und der Disziplin der Orchestermusiker, sondern vor allem von dem Gesang, der Kantilene bestimmt — auch das Orchester muß singen (bei allen Proben die immer gleiche Beschwörung Toscaninis!), und so vermöchte ein Sänger den Ausdruck besser anzugeben als die meisten Kapellmeister (von damals). Lebt und atmet ein Interpret mit der Musik — was Wagner nicht sagt, aber doch wohl denkt, ja voraussetzt —, so merkt er daher von selbst den Unterschied zwischen dem „naiven" Allegro eines Mozart, das schnell sein darf, und dem „sentimentalen" (besser sentimentalischen) Allegro Beethovens. Das richtige Melos bestimmt dann die nötige „Tempo-Modifikation" — den Kapellmeistern alter Schule etwas Unverständliches. Daß Modifikation nicht in Manier ausarte, davor bewahrt etwa den Lateiner Toscanini sein Geschmack; ihn, freilich nicht jeden „Auffassungs"-Dirigenten. Nur muß das einmal gegebene Tempo dann gehalten werden wie der Takt. Man muß die Zeichen beachten, also nicht alles mezzoforte spielen, die Zeichen aber auch deuten — Akzente helfen die Sprache der Musik formen. Die großen Meister verstehen einander. Wagner erzählt, wie er in Dresden (und erst er) das Adagio der *Freischütz*-Ouvertüre wieder so langsam genommen hat wie einst Weber selbst — dem „absoluten" Allegro entspricht nämlich ein absolutes, wirklich langsames Adagio, während die gewissen Kapellmeister auch aus Schnell und Langsam einen Brei mischen wie aus Forte und Piano. Eine ähnliche Wiederherstellung ist dann übrigens Mahler in Wien geglückt, dem alte Orchesterleute sagten, sie erinnerten sich noch an die Zeitmaße Wagners im *Lohengrin*-Vorspiel und es seien die Mahlers gewesen. Aber kleine oder zurückbleibende Geister verstehen die große Neuerung, eine Wiederherstellung des echten Alten nicht: das gleiche Gewandhausorchester, das unter Wagner das *Meistersinger*-Vorspiel vor lauter Beifall wiederholen muß, wird ausgezischt, als es das Stück unter Reinecke klassizistisch-traditionell herunterspielt. Lehre: Haltet die Musik für eine Sprache, deutlicher als die der Worte! Nur freilich auch deutbarer, wobei in die Irre gehen wird, wer, mit dem historischen Hans Sachs zu sprechen, „nit den Animus besitzt".

Nun sind die von Toscanini interpretierten, die ihn bestimmenden Meister in der Hauptsache genannt: außer den heimisch-italienischen Zeitgenossen, in deren Reigen immer neue eintreten, Verdi und Wagner. Von den Klassikern ganz besonders Beethoven, aber auch Haydn und Mozart. Sein Repertoire erweitert sich indes erstaunlich. Nur Beispiele sind Berlioz, Brahms, Richard Strauß, Debussy, neuestens, zunächst in Amerika, Bruckner. Wollte man genauer sein, die Fülle müßte sich zu einem Bild formen lassen, dessen Vielfältigkeit nicht so leicht zu überblicken wäre. Es wird noch betrachtet werden.

IX. Vor den Toren der Scala

TOSCANINI UMKREIST jetzt, in der zweiten Hälfte der Neunzigerjahre, die Scala, das berühmteste Operntheater Italiens. Die Opernleidenschaft des beginnenden neunzehnten Jahrhunderts, weit in diese entscheidende Epoche der Menschheit hineinreichend, flammt in Mailand stärker auf als irgendwo, es ergeben sich überraschende Parallelen mit Wien, der italienischen Opernstadt im Norden — ja es geschieht, daß Scala und Wiener Hofoper einmal denselben Pächter haben, den Cafétier Barbaja aus Neapel, der übrigens so viel Einsicht in das Wesen der jungen deutschen, sich damals gegen die italienische Vorherrschaft aufbäumenden Oper zeigt, daß er bei ihrem Vorkämpfer Weber für Wien die *Euryanthe* bestellt. Man kann das Lob der Scala bei Stendhal nachlesen. Auf Massimo d'Azeglio geht das Wort zurück, daß Österreich die Lombardei durch die Scala beherrscht habe: ganz gewiß ist, was Italien als Fremdherrschaft empfand, durch die Scala gemildert worden, die Opernstätte als Haus der Feste und der Gesellschaft. Noch das Schicksal eines Verdi ist Kampf mit der Übermacht der Scala, ein für ihn erst durch die großen Alterswerke gewonnener Krieg.

Toscanini erscheint in diesem Theater, das für immer mit seinem Namen verbunden sein wird, vorerst als Konzertdirigent. Wir sind im Frühjahr 1896 und er hat vier Programme einzusenden. Das Orchester spielt also unter seiner Leitung eine Symphonie von Haydn, die *Nußknacker-Suite* von Tschaikowsky und — die Zusammenstellung berührt seltsam, ist aber aus musikpolitischen Gründen wohl wichtig — das Vorspiel der *Götterdämmerung*, nämlich die Nornenszene, die ja auf dem Theater meist ausgelassen wurde: hier mit den Gesangspartien. Ein anderes Programm: *Erste Symphonie* von Brahms, *Holberg-Suite* von Grieg und abermals das Stück *Götterdämmerung*. Das dritte Konzert bringt die große *C-Dur-Symphonie* von Schubert, die „nicht sonderlich gefällt" (sie ist ja für Mailand neu), ein Intermezzo von Mancinelli und nochmals die *Götterdämmerung*-Szene, die auch das vierte Mal gespielt werden muß. Die Programme zeigen den noch nicht Dreißigjährigen in seiner Zeit und Gegenwart — wie bald entschwindet ihm Tschaikowsky, den er geradezu meidet, bald auch Grieg; aber es bleibt die Verehrung für Haydn und Schubert, die Aufopferung für Wagner. Damit ist die Arbeit an der Scala vorläufig getan. Es wird noch zwei Jahre dauern, ehe man ihn um Opern bittet, aber er bleibt jetzt in der Nähe: Bologna, Bergamo, wo man 1897 die Jahrhundertfeier für Donizetti begeht (der ja ein Sohn der Stadt ist), Turin. In Turin wird Toscanini Konzertdirigent der Weltausstellung, die vom Mai bis zum Oktober 1898 dauert. In diesen Monaten leitet er 43 Aufführungen, sämtlich auswendig — in zwei, drei Tagen lernt er, was er noch nicht auswendig weiß. Sein Gedächtnis war von Anfang an ganz einfach ein Wunder. Es geschah, daß man ihn am Vorabend einer Premiere in eine fremde Stadt berief, der Kapellmeister war erkrankt — er nahm die Partitur einer großen Oper, studierte sie nachts, fuhr am Morgen hin und dirigierte abends ohne Noten. Fritz Busch erzählte einmal, er habe, viel später, Toscanini in einer italienischen Kneipe in Zürich getroffen, wie er mißmutig auf irgendwen, irgend etwas wartend, dasaß. Sie kamen ins Gespräch. Plötzlich fragt Toscanini: Wie machen Sie es, daß in der Großen Leonoren-Ouvertüre an der und der Stelle die Holzbläser klingen? Busch schreibt ihm das Partiturbild auf eine Papierserviette. Von diesem Augenblick an wird er ganz anders behandelt: „Ich sehe, daß Sie nicht nur Takt schlagen, sondern auch Ihre Partitur kennen." Es werden noch viele Papierservietten mit Notenbeispielen bedeckt. Toscanini, einmal im Zug, vergißt, weshalb er gekommen ist und gefällt sich darin, ein um das andere Mal jede Neben- und Füllstimme notengetreu zu verfolgen, mit allen Vortragszeichen. Busch ist bemüht, nicht allzuweit zurückzubleiben...

Einmal kommt in der Pause einer Aufführung ein Kontrabassist ganz verstört zu seinem Maestro, der ja alles hören wird: die tiefe Saite meines Instruments ist gerissen und ich kann mir keine neue verschaffen. Toscanini antwortet nicht, schweigt durch geraume Zeit. „Maestro, die Saite..." Bricht jetzt das gefürchtete Ungewitter los? Endlich sagt Toscanini ganz ruhig: „Während Sie in mich drängen wollten, habe ich im Geist Ihren Part durchgenommen. Seien Sie ganz ruhig! Sie brauchen diese Saite heute abends nicht mehr."

Orchesterstimmen und Gesangsensembles in der Oper — gleichviel, dieser Mann beherrscht alles. Nur bei Proben wird die Partitur geöffnet, um da und dort sein Gedächtnis nicht zu stützen, sondern nachzuprüfen. Man wird sagen, daß Toscanini aus der Not eine Tugend machen mußte — seine Kurzsichtigkeit ist mit den Jahren so arg geworden, daß er eine Partitur dicht vor den Augen haben müßte, um sie überhaupt lesen zu können; er hätte also keinen Blick für das Orchester und nicht die Herrschaft über seine Leute. Man wird auch sagen, daß es auf das Auswendig nicht ankommt und innerlichstes Erfassen die Hauptsache, eigentlich alles ist. Gewiß, aber das Phänomen bleibt bestehen. Für Toscanini ist es mehr als eine Merkwürdigkeit. Ihm bedeutet die hellseherische Wahrnehmung dessen, was die geschlossene Partitur enthält, ein Innewerden nicht nur des Notenbildes, sondern auch seiner tiefsten Zusammenhänge. Es geht nicht darum, daß er alles sieht, ohne zu sehen. Er sieht und hört in einem. Das Gehör ist nicht minder unheimlich als das Gedächtnis. Beides zusammen läßt ihn Fehler finden, die sich in mustergültiger Interpretation sonst von Jahrzehnt zu Jahrzehnt weiterschleppen. So ist es ihm gelungen, Irrtümer in den Bayreuther Orchesterstimmen aufzudecken — man will es nicht glauben, gar nicht daran denken, wer alles mit dem immer gleichen Material gearbeitet hat: die besten Kenner der Werke Wagners, die größten Dirigenten so mancher Generation.

Aus dem Repertoire der Turiner Ausstellungskonzerte: sehr viel Beethoven, darunter Adagio und Scherzo der *Neunten Symphonie*, Berlioz, Bizet, Brahms, d'Indy, Dvořák (die damals neue Symphonie *Aus der neuen Welt* und anderes), C. Franck, Goldmark, Humperdinck (das Vorspiel jener Oper *Hänsel und Gretel*, die den italienischen Verismo in der Bühnenherrschaft von eben damals abgelöst hat), Mendelssohn, Mozart (Ouvertüre der in Italien auf dem Theater so seltenen *Zauberflöte*), Schubert, Schumann, Smetana, Verdi und sehr viel Wagner, darunter die *Faust-Ouvertüre*, immer ein Lieblingsstück des Maestro; Weber... Es gab damals eine *Tristan-Suite*, zusammengestellt von Mancinelli; auch sie wurde gespielt. Im ganzen waren es 54 Komponisten, die in dieser schon für den späteren Toscanini bezeichnenden Konzertreihe zu Gehör gelangten — davon 22 Italiener mit 70 Werken und 17 Deutsche und Österreicher mit 95. Schon hier also vollkommene Weltbürgerlichkeit des doch noch völlig italienischen Dirigenten, größte Rücksicht auf die eigene Heimat, brüderliches Verständnis für die ergänzende nordische Musik, Verehrung für ihre Meister, Herzensopfer aber an Beethoven und vor allem Wagner.

Ein Wort auch schon hier über die Konzerte mit Bruchstücken aus den Bühnenwerken Wagners. Man war bei uns geneigt, sie einer früheren Zeit und jenen Ländern zuzugestehen, die diese Bühnenwerke eben noch nicht kannten. Bei uns aber, so hieß es, sei das doch unnütz. Darauf ist zu erwidern, daß nun einmal Toscanini auch im Konzertsaal Wagner huldigen will; daß nicht nur die englisch-amerikanischen Länder, sondern auch Frankreich, das genug Wagner an seinen Opernhäusern aufführt, bei Wagner-Konzerten beharrt — und daß es gar nicht schadet, wenn auch eine wagnergeübte Hörerschaft auf die Musikschönheiten bei Wagner hingelenkt wird: keine Frage, daß sie über dem Tun und Treiben auf der Bühne oft vergessen werden, wie das Wagner angeblich wollte (aber man muß solche Aussprüche nicht wörtlich nehmen!). Doch die Hauptsache: Wer hat außerhalb Italiens, von New York und Bayreuth abgesehen, ganze Bühnenwerke

Wagners unter Toscanini gehört? Die Konzerte bringen wenigstens Andeutungen dessen, was da zu erwarten wäre...

Die nötigen Proben wußte sich Toscanini in Turin von vornherein zu sichern. Als sie ihm für das erste Konzert nicht bewilligt wurden, erklärte er, dann werde er eben nicht dirigieren — und erschien auch tatsächlich nicht. Orchester und Publikum waren da, aber Toscanini lag in seinem Bett und schlief; man mußte die Leute nach Hause schicken. Daraufhin wurde ihm eine Probe mehr bewilligt und das Konzert fand statt. Die Probe wurde für die *C-Dur-Symphonie* von Schubert gebraucht.

Ein besonderes Ereignis des Turiner Sommers war die Aufführung der *Geistlichen Stücke* (*Pezzi sacri*) von Verdi, sehr bald nach Paris. Es gibt ihrer vier, aber sowohl in Paris (Uraufführung in der Karwoche am 7. April 1898) wie in Turin (erste Aufführung danach, zugleich erste italienische, am 26. Mai) wurde das *Ave Maria* ausgelassen. Über die Pariser Wiedergabe mußte Boito, der die Stücke dahin vergeben hatte, seinem Freund Verdi berichten. Sie fand in der Großen Oper statt und Aino Ackté sang den Solosopran. Um für die Turiner Aufführung die Intentionen des fünfundachtzigjährigen Meisters kennenzulernen, begab sich Toscanini in dessen Residenz nach Genua. Verdi erklärt alles mit kurzen, präzisen, dabei malerisch schildernden Sätzen. Es geht insbesondere um eine Stelle im *Te Deum*, das nicht, wie herkömmlich, in hellem Jubel schließt, sondern mit der Bitte um Milde an den zu höchst gepriesenen Schöpfer. Vor diesem Übergang, der wieder einmal Verdi kennen lehrt, vermißt Toscanini ein Ritardando. Toscanini spielt die Stelle vor, zagend, beinahe ängstlich. Der Meister klopft ihm auf die Schulter: „Brav, so habe ich es mir gedacht." „Und warum nicht geschrieben?" Weil ich fürchtete, ein bezeichnetes Ritardando würde zu langsam ausfallen.

X. *Die Scala*

WENN DIE Scala das ruhmvollste, reichste, beste Operntheater Italiens war, so war sie doch kein festgefügtes Theater im transalpinen Sinn. Toscanini, seit 1898 ihr erster Dirigent und künstlerischer Leiter, hatte in dieser ersten Periode die Macht, die er sich schuf, aber nicht die von ihm gewünschten Vollmachten, die nun freilich allumfassend wären, eine unerbittliche Tyrannei für das Notwendige und Vollkommene, wie sie eben um diese Zeit unter den Auspizien eines k. u. k. Obersthofmeisters Gustav Mahler in Wien durch zehn Jahre ausübte. Fasziniert von solchem Glanz, so viel

Neuem und dem gewaltigen Schauspiel einer für sein Theater entflammten, sich verzehrenden Persönlichkeit, hatten wir nicht die Muße, nach einem anderen Zentrum der Vollkommenheit auszublicken. Mit unseren Augen gesehen, hätte sich dort gewiß ein nicht minder anziehendes Bild geboten. Denn die großen Interpreten einer Epoche wollen allenthalben — auch hier gilt der Satz von der Einheit mindestens des europäischen Geistes — alle dasselbe. Nur die Menschen, als die und für die sie wirken, sind verschieden; verschieden auch die Möglichkeiten und Mittel. Während also in Wien systematisch vor allem die deutsche Oper, besonders Mozart und Wagner, zyklische Pflege fand, daneben einzelne Meisterwerke romanischen und slawischen Ursprungs, mußte in Mailand der Weg Schritt für Schritt genommen und mancher Schritt ein zweites Mal getan werden. Hier die Meilensteine.

Nach der vielsagenden *Meistersinger*-Aufführung des Anfangs *Iris* von Mascagni und der *König von Lahore* (Massenet). Der geliebte *Falstaff*. Von älteren Werken *Tell* und die *Hugenotten*. Die *Meistersinger*, Revelation einer Oper und dessen, der mit ihr in das ehrwürdige Haus einzog, allen unvergeßlich und vielen, die noch heute davon schwärmen, waren einen Monat lang vorbereitet worden. Die Scala hatte, kein Zweifel, den ersten Dirigenten Italiens gewonnen — bald würde man sagen, einen unvergleichlichen in aller Welt. Ovationen auch für den Dirigenten und gerade für ihn nahmen kein Ende. Er wollte sich nicht zeigen. War es damals, daß er, während der Beifall donnerte, in die ihm eigentümliche Melancholie versank, weil eine kleine Stelle der Oboe nicht ganz gut gelungen war?

Auch für das Orchester der Scala (wie sonst für viele Orchester) war er in der Folge kein bequemer Führer. Er verlangte von jeher das Äußerste, schon bei den Proben. „Spielen Sie niemals wie gewöhnlich!" rief er in seinem verzweifelten Lebenskampf gegen die Gewohnheit, den schlimmsten Feind des Menschen und der Kunstübung im besonderen. Bei Mengelberg heißt es während der Proben alle paar Minuten: „Hundert Prozent!" Toscanini beschwört: „Alles muß singen, auf den Klang auch der Nebenstimmen kommt es an." Nachtwandlerische Sicherheit wird gefordert, eine Aufmerksamkeit, der nicht das mindeste Zeichen entgeht, kein geschriebenes, keines mit dem Taktstock. Oft und oft müssen Instrumentengruppen, einzelne Pulte, ja sogar Instrumente allein üben. Einen Orchestermusiker, der es ihm durchaus nicht recht machen konnte, wollte er einmal weghaben. Aber es zeigte sich, daß der Mann noch einen dreijährigen Vertrag in der Tasche hatte. „Er oder ich!" tobte Toscanini und blieb den Proben fern. Man einigte sich. Toscanini dirigierte wieder, der

Musiker bekam drei Jahre seine Gage und durfte nur, wenn Toscanini am Pult stand, nicht mitspielen. Einem anderen schrie der Maestro zu: „Es ist eine Schande, wie Sie heute gespielt haben" — und nun kam eine Flut von wilden Verwünschungen. Der Musiker: „Sagen Sie, was Sie wollen, Meister — aber sagen Sie nur wieder Du" (denn das geschieht, wenn Toscanini zufrieden ist, Vater mit seinen Kindern). Man darf sich aber den Meister, durfte sich ihm niemals als Wüterich vorstellen. Sogleich schlägt das Pendel wieder nach der anderen Seite aus. Nur eines wurde immer wieder gewahrt: die Unerbittlichkeit, der Fanatismus für die Leistung.

Die Sänger, diese herrlichen, aber auch selbstherrlichen italienischen Sänger konnten viel Pein bereiten. Er war imstande, sich mit dem berühmtesten Tenor zu zanken, wenn der in seiner Eigenwilligkeit nicht singen wollte, was in den Noten stand, Virtuosenkadenzen einfügte oder Fermaten anbrachte, von denen er nicht wegzubekommen war. Dann flogen die Koseworte und die Scala war um einen Star ärmer, denn Pardon wurde auf beiden Seiten nicht gegeben. Später kam gewöhnlich, aber oft erst nach Jahren, eine Versöhnung zustande. Die Frauen waren nicht besser und fanden denn auch, wenn sie an die wohlgeübten Waffen ihres Geschlechts appellierten, keine Gnade. Eine Primadonna wagte ihm ins Gesicht zu schleudern: „Ich bin hier der Star, nicht Sie!" „Sterne gibt es am Himmel," brüllte der Maestro — „einen anderen Sopran!" Der Star war für diesmal erloschen.

Mit der größten Sorgfalt wurde die Szene betrachtet. Oft sprang Toscanini auf die Bühne und spielte nicht nur den Solisten, sondern dem und jenem von den Chorleuten vor, was zu agieren war. Ein Augenzeuge beschreibt ihn, wie er sich auf der Festwiese unter die Menge mischte. Die Meistersinger! — und Toscanini nimmt die Haltung gespanntester Erwartung, unbändiger Freude an, wirft seine Lehrbubenmütze in die Höhe, und steht dann, Glied eines festlichen Ganzen, würdig da beim Einzug. Seine Rührung beim *Wach-auf*-Chor teilt sich allen mit, seine gute Laune, wenn Beckmesser das Spiel verliert, wirkt ansteckend. Niemand, so befiehlt er immer wieder, darf unbeteiligt bleiben oder glauben, daß es auf ihn nicht ankomme. Wer auf der Bühne steht, wird ein Teil des Werkes, er kann ihm sein Stück Leben geben oder sich mit ihm sinken lassen, je nachdem — nur eines darf er nicht meinen: daß das Publikum nichts merkt...

Zweites Jahr, 1899/1900: *Siegfried* und *Lohengrin, Othello, Tosca, Eugen Onegin*. Drittes (1900/1901): *Tristan; Bohème;* an neuen Werken *Le maschere* von Mascagni und *Messalina* (de Lara); *Königin von Saba; Mefistofele*. Das ist die einzige zu seinen Lebzeiten gespielte

X. DIE SCALA

Oper von Boito, dem seltsamen Dichterkomponisten, der lange auf eigenes Wirken fast verzichtete, um für Verdi die außerordentlichen Texte des *Othello* und des *Falstaff* zu schreiben. Seine *Faust*-Gestaltung, die sich nach dem Widersacher nennt, hat sich außerhalb Italiens kaum erhalten, aber sie bleibt dort im Besitz einer Nation. Man weiß, daß Boito an einem zweiten Werk arbeitet, sichtet, verwirft, abermals vorwärts dringt. Es ist der *Nerone*, gleichsam Vermächtnis an die Scala und an Toscanini. Boito, übrigens Sohn eines Italieners und einer polnischen Gräfin, Übersetzer des *Tristan* ins Italienische, Textdichter auch der *Gioconda* von Ponchielli und anderer Opern, Novellist-Poet (*Mendelssohn in Italien*), stirbt 1918, hinterläßt den *Nerone* unvollendet, wie wenige Jahre später Puccini seine *Turandot*. Toscanini ergänzt die Oper und führt den *Nerone* 1924 auf, es wird ein Triumph nun auch des toten Musikers, der Scala, des Dirigenten.

In der Spielzeit 1901 auf 1902 die *Germania* von Franchetti, Oper um den deutschen Buchhändler Palm, den Napoleon erschießen ließ, *Hänsel und Gretel*, *Euryanthe* — ein Wagnis in Italien, fast gleichzeitig mit der Reprise und Bearbeitung des Werkes durch Mahler in Wien; *Troubadour*; das *Requiem* von Verdi, das ja so recht für Mailand bestimmt war. Mit dem *Troubadour* beginnen die Erweckungen des mittleren Verdi, auf die Toscanini mit Recht stolz ist — heute eine Selbstverständlichkeit, waren sie es keineswegs um die Jahrhundertwende, als es unter Jüngeren Mode war, über Verdi abfällig zu sprechen. Dieser selbst, der „ehrwürdige Greis von St. Agata", wie er sich in seiner Ironie gern nannte, einen Augenblick, ehe ein Donnerwetter von gar nicht greisenhafter Stärke losbrach, hatte schon gegen eine Jugend protestiert, die nichts von ihm wußte, aber um so mehr von ihm verlangte — so auch, daß er zugunsten Wagners oder irgend jemandes andern geistig abdanke. Aber Toscanini ließ an Verdi nicht rütteln. Ich habe mir die Leute genau gemerkt, hieß es einmal, die Verdi beschimpfen: und ich werde sie nicht aufführen. Er stand damals unter dem noch lebhaften Eindruck des Verlustes, den ganz Italien und er persönlich erlitten hatten.

Verdi war am 27. Januar 1901 gestorben. Die Leiche wurde erst auf dem Friedhof von Mailand begraben. Mit dem unwiderstehlichen Elan der tiefsten Ergriffenheit dirigierte dort Toscanini, als der Leichenzug herankam, den Chor der Scala, letztes Zeichen der Huldigung. Am 1. Februar, wenige Tage später, gab die Scala ein Gedenkkonzert, in dem Toscanini die Ouvertüren des *Nabucco* und der *Vespri* und das Vorspiel zum dritten Akt der *Traviata* dirigierte. Die besten Künstler des Hauses, darunter Tamagno und Caruso, sangen Verdis berühmteste Arien. Am 26. Februar wurden dann die

Leichen des Meisters und seiner Frau vom Friedhof in die von ihm gestiftete Casa di Riposo, das Altersheim für Musiker, übertragen und dort nach dem letzten Willen endgültig beigesetzt. Dreihunderttausend Menschen folgten den Särgen. Neunhundert Sänger stimmten, von Toscanini geleitet, den Schicksalschor des *Nabucco* an: „Va pensiero sull' ali dorate."

Nur noch eine Spielzeit in dieser Reihe der Scala — die von 1902 auf 1903. Nach dem *Troubadour* kommt jetzt der erneuerte *Maskenball*, dazu *Luisa Miller*. Von neueren Opern die *Lituani* von Ponchielli, *Asrael* von Franchetti und *Oceana* von dem istrianischen Komponisten Smareglia. *Fausts Verdammnis* von Berlioz als Oper, wie das in romanischen Ländern gebräuchlich wird. Hier auch das Repertoire einiger Konzerte in der Scala (1899, 1900, 1902, 1903): Zwei Symphonien von Brahms, Ouvertüre *Verkaufte Braut*, Symphonie *Aus der neuen Welt*, Stücke aus dem *Sommernachtstraum*, *Till Eulenspiegel* und damit ein Stück des damals noch heftigst umkämpften Richard Strauß, viel Wagner, darunter Vorspiel und Karfreitagsmusik des *Parsifal*, und die mehrmals wiederholte *Neunte Symphonie* von Beethoven.

Bei einem *Maskenball* das verweigerte Bis, der schon geschilderte Wutausbruch, Toscaninis Flucht nach Südamerika.

Aber Südamerika ist diesmal nicht Brasilien, wo Toscanini angefangen hat. Jetzt ist sein Aufenthalt Buenos Aires, nach dem portugiesischen das spanische Land. Dort ist das Teatro Colon ein altes italienisches Opernzentrum, schon seit 1813; nur begnügte man sich anfangs mit Fragmenten. 1825 werden die ersten vollständigen Opern aufgeführt; 1827 der *Don Giovanni*. Seit 1888 erscheinen die großen italienischen Dirigenten, zunächst Mancinelli. Inzwischen hat man an Stelle des Colon das Teatro Opera eröffnet, in dem von 1889 bis 1907 gespielt wird. Abermals ist Mancinelli da, dann Mascheroni und Mugnone, Sänger wie Tamagno, die Bellincioni. 1901 kommt Toscanini, also von der Scala her, zum erstenmal nach Buenos Aires. Einer seiner Sänger ist Caruso, mit dem er noch oft zusammenwirken wird. 1903, nach dem brüsken Abschied von der Scala, findet er gerade zeitgerecht in der Frühjahrsstagione von Buenos Aires seinen Platz. Er wird für 1904 wiedergewonnen, dann für 1906. Zwei Jahre später wird das neue Teatro Colon eröffnet, in dem man noch heute spielt. Noch einmal dirigiert, schon in diesem Haus, Toscanini in Buenos Aires: 1912. Es ist eine weite Welt, der er zugehört. Wer von ihr erzählen könnte!

XI. Zum zweitenmal Scala

IN EUROPA ist er 1904 in Rom tätig (Konzerte), auch in Bologna, im folgenden Winter 1905/06 in Turin. In Bologna ereignet es sich, daß er wie sonst im Theater an ein Pult tritt, auf dem keine Partitur liegt. Stimme von der Galerie: „Maestro, Ihre Noten!" Allgemeine Heiterkeit — es wissen schon die meisten, daß er auswendig dirigiert. Turin hat für die letzten Tage des Jahres 1906 die *Salome* vorbereitet, aber auch Toscanini an der Scala — beide Theater scheinen das Recht der ersten italienischen Aufführung bekommen zu haben... Um also beiden recht geschehen zu lassen, muß, je nach Wahl, die öffentliche Generalprobe in Mailand oder die Aufführung in Turin als Premiere gelten. Toscanini hat die Partitur der *Salome* in Südamerika bekommen. Nach zwei Tagen spielt er sie seinen Freunden auswendig vor!

Mit der Saison 1906/1907 ist Toscanini also wieder an der Scala. Es gibt *Tristan*, *Götterdämmerung*, *Aïda*, die *Cavalleria* und *Tosca*, *Orpheus* von Gluck, die *Wally* des alten Freundes Catalani. In der nächsten Saison, mithin der von 1907 auf 1908, nimmt Toscanini den *Mefistofele* wieder auf, den *Colombo* von Franchetti, dessen Partitur er vor Jahren in einer einzigen Nacht auswendig gelernt hat. Zwei neue französische Opern: *Louise* von Charpentier und *Pelleas* von Debussy. Sie gehören fortan zu seinen Lieblingen. Was ihn an der *Louise* fesselt, ist der Mut des Komponisten, in die Gegenwart zu greifen, ein Paris darzustellen, das mit dem der *Bohème* nur Schauplatzähnlichkeiten hat. Dazu kommt, daß die ureigenste, die „ewige" Musik der Weltstadt eingefangen ist und der ewig-menschliche Konflikt der Generationen, der Lebensanschauungen das Drama vorwärts treibt. Vielleicht hat auch die echte Künstlerschaft des Komponisten Charpentier zu dem Eindruck verholfen, eines Besessenen für Wirkung ins Volk, für die Musik der Ungelehrten. Auch diese *Louise* ist eine Liebe, die Toscanini mit Mahler gemeinsam war.

Was aber Mahler nicht mehr vergönnt war, wofür er vielleicht auch gar nicht prädestiniert sein konnte, das zu pflegen blieb Toscanini vorbehalten: die „prédilection d'artiste" für Debussy. Er hat diesem größten Künstler der Nuance, dem subtilsten Beherrscher der musikalischen Palette, dem Musiker mit dem feinsten Geschmack, der schon darum Claude de France genannt werden durfte, einem repräsentativen lateinischen Künstler, im Theater und im Konzertsaal das Seine zu geben versucht, wenn die Welt es ihm vorenthielt. Nun muß man allerdings miterlebt haben, wie diese Partituren unter

den Händen eines Toscanini aufblühen. Sie werden weit über das
bloß Impressionistische emporgehoben und nehmen höchste, freieste,
jene neue Form an, der Debussy eben zustrebte, als er vorzeitig dem
Tod verfiel.

Warum Toscanini 1908 abermals von der Scala Abschied nahm?
Wegen eines höheren Geldangebotes? Oder hatten sich neue Miß-
helligkeiten ergeben? Die Freunde glauben, daß er seine letzten
künstlerischen Forderungen nicht durchsetzen konnte. Es wäre ihm
insbesondere um szenische Erneuerung gegangen. Statt dessen holte
man seinen Helfer Gatti-Casazza, mit dem er sich seit 1898 in die
Leitung der Scala geteilt hatte, nach New York. Toscanini folgte ihm.

XII. Metropolitan Opera

WENN SICH die Phantasie in den Bereichen der Oper erging und von
ihrem Glanz, ihrer Glorie träumte, so zog sie ihre Kreise um die
Theater von Paris (das aber mehr für ein wichtigstes Musikland
dieser Welt als gerade für die Oper als solche repräsentativ ist), von
Mailand, Wien und New York. Dazu kamen gerade in dieser Vor-
kriegszeit so manche Theater im Deutschen Reich, vor allem Dresden,
Berlin, Hamburg, München. Aber Scala und Metropolitan waren so
recht die west-östlichen Pole. Von einem zum andern zogen sich
Lebensbahnen.

Schon 1791, dann 1813 hört man von dem Opernspiel in New York.
1825 führt die Sängerfamilie Garcia mit ihrer Truppe den *Barbier*
auf — in dem glänzenden Publikum des Abends wird Cooper gesichtet.
Lorenzo da Ponte, einst Priester, dann in Wien Mozarts Librettist,
jetzt Sprachlehrer in New York, soll diese Operngesellschaft nach
Amerika gebracht haben. 1845 spielt man zum ersten Male deutsche
Werke. 1883 kristallisiert sich Musik und Gesellschaft um ein Opern-
haus, dem nun der hauptstädtische Name zukommt: Metropolitan.
Maurice Grau gibt ihm das internationale Gepräge — Dirigenten,
Sänger und so auch Werke der Haupt-Musiknationen, jede Oper in
der Sprache aufgeführt, in der sie komponiert ist. Dann übernimmt,
1903, eine Gesellschaft, deren Geschäftsführer Heinrich Conried
wird, den Betrieb. Als es sich im fünften Jahr danach zeigt, daß ein
Wechsel des Regimes erwünscht wäre, reist ein Mitglied des Komitees
nach Europa. Gerüchte, daß es den Direktor der Scala und ihren
ersten Dirigenten in gleicher Eigenschaft für New York verpflichtet
habe, werden dementiert, dann, im Februar 1908, offiziell bestätigt.
Nicht wenige von den Männern, die nach Abmachung und Vertrag

das Geschick des Hauses zu bestimmen haben, sind besorgt, daß ein lediglich italienisches Direktorium Betrieb und Repertoire einseitig gestalten könnte. Darum erhält Gatti-Casazza eine Art Mitdirektor in dem beliebten Sänger Andreas Dippel (einst auch in der Wiener Hofoper) und es heißt, daß Toscanini einen Musik-Mitleiter in Mahler bekommen soll. Tatsächlich hat Mahler seit 1908, nach seinem Scheiden von der Wiener Hofoper, schon eine amerikanische Saison hinter sich. Conried, Sohn eines Bielitzer Webers, Komparse am Wiener Burgtheater, Schauspieler in Deutschland, der dann große Künstler der deutschen Bühne nach Amerika gebracht hat (Sonnenthal, Frau Schratt, die Odilon), zieht sich nun zurück und stirbt schon nach einem Jahr in Meran. Dippel bleibt eine Zeitlang in der Direktion, muß sich aber trotz den Bemühungen wichtiger Sänger, so auch Carusos, Gatti-Casazza unterordnen, der seit dem November 1908 die Metropolitan leitet. Mahler ist hier nichts als Dirigent.

Die Metropolitan hat, um von ihrem Spiel einiges zu sagen, schon 1903 trotz Bayreuther Protesten den *Parsifal* aufgeführt (unter Alfred Hertz), 1907 die *Salome*, was nicht allen Maßgebenden des Hauses recht war — in dieser Zeit gab es allenthalben Verbote oder doch Zensurabänderungen des Werkes. Aber auch die Italiener sind nicht vernachlässigt worden: Puccini, Mascagni, Giordano. Längst hatte Maurel, der Ur-Falstaff, seine berühmteste Partie gesungen, die de Reszke waren nach Amerika gekommen, von den Primadonnen der Zeit waren Lilli Lehmann, die Melba, Calvé, Nordica schon in den Neunzigerjahren aufgetreten. Gatti-Casazza übernahm von Conried Sänger, wie Caruso, Bonci, Scotti, die Sembrich, die Farrar, Fremstad, Gadski, Morena. Auf Geld kam es nicht an. Als Caruso, um dem Direktorium eine Verlegenheit zu ersparen, in sieben Tagen sechsmal sang, bekam er 2500 Dollar für den Abend. Die Tageskosten der Metropolitan senkten sich zwar gegen das Ende des Krieges hin, aber sie betrugen, bei zeitweise 100 Solosängern, 180 im Chor und einem Orchester von 150, immer noch 10,000 Dollar.

Das neue Regime begann am 16. November 1908 mit einer von Toscanini dirigierten *Aida*: Caruso, Scotti, die Destinn, die amerikanische Altistin Louise Homer standen auf der Bühne. Toscanini feierte einen neuen Triumph. „Der meisterlichste Dirigent, den wir je in Amerika gehabt haben...", „Einzigartiges Genie...", „Ein Wunder...", „Das Beste, was uns Italien seit den Werken von Verdi je herübersandte...". Dabei ist es geblieben. Was ihm in sieben Jahren drüben entgegenschlug, war Bewunderung, Verehrung, bedingungslose Anerkennung. Nur die Anlässe waren verschieden und sehr mannigfaltig.

Eine Woche später hört man unter Alfred Hertz *Tiefland* (mit

Schmedes als Pedro). Am 8. Dezember dirigiert Mahler seine *Zweite Symphonie* und am 11. Toscanini die *Götterdämmerung* — er nimmt also von einem deutschen Werk Besitz und teilt nunmehr das deutsche Repertoire mit Mahler und Hertz. Die *Götterdämmerung* bringt zwar die Nornenszene, dafür fehlt die Waltraute. Siegfried: Schmedes, Brünhilde: Olive Fremstad, wie einst in Bayreuth. Schon damals sprach Max Smith, Kritiker, seither vertrauter Freund Toscaninis, das bezeichnende Wort „Intensität" aus. Die letzten Geheimnisse der Partitur, so heißt es da, sind entschleiert. Erstaunen und Entzücken besonders über die Rheinfahrt, den Trauermarsch, die noch heute und jedesmal den Dirigenten hell entflammen.

Dafür dirigiert dann Mahler den *Tristan*. Welch ein Theater, das zwei solche Dirigenten abwechseln lassen kann! Es erscheinen zwei bewährte Erfolge der Scala: die *Villi* von Puccini und *La Wally* von Catalani. Dieses ältere Werk hat den größeren Beifall, trotz Caruso in den *Villi*. Mahler repliziert mit der *Verkauften Braut*, die in deutscher Sprache gespielt wird, erste Aufführung an der Metropolitan, mit der Destinn als Marie — und es wird hervorgehoben, daß Mahler selber in Böhmen geboren sei, dem Werk also auch landsmannschaftlich nahestehe.

In demselben Monat Februar dirigiert Toscanini das *Requiem* von Verdi und die *Puritani* mit der Tetrazzini, aber auch eine (französische) Aufführung von *Carmen*. Im März *Falstaff*. Die Opernleidenschaft ergreift New York wie noch selten. Eine zweite, die Manhattan-Oper spielt gleichzeitig — und da alles in Zahlen bewertet sein muß, wird errechnet, daß New York in diesem Winter für die beiden Opern eine Million Dollar ausgegeben hat.

In der nächsten Spielzeit übernimmt auch Toscanini den *Tristan* und dirigiert (mit italienischem Text) den *Orpheus* von Gluck. Auf dem Zettel findet sich eine Mitteilung des Dirigenten: er hat die Ouvertüre weggelassen, die für eine andere Oper bestimmt war; man soll gleich von der Welt eben dieses Anfangs umgeben werden. Am Ende des ersten Aktes wird die Arie „Divinités du Styx" aus *Alceste* eingefügt. Im letzten Akt ein Terzett aus *Paris und Helena*; zum Schluß ein Chor aus *Narcissus und Echo*. Diese Änderungen seien, so heißt es weiter, von Gevaert vorgeschlagen und in der Brüsseler Aufführung von 1893 erprobt worden.

Unmittelbar darauf *Othello* von Verdi mit Slezak, Pasquale Amato (Jago) und Frances Alda (Desdemona). Wieder *Falstaff*; die für New York neue *Germania* von Franchetti mit Caruso, Amato, der Destinn. Endlich die *Meistersinger* mit Soomer als Sachs, Slezak als Walter, der Gadski als Eva.

XII. METROPOLITAN OPERA

Die Saison 1910/11, die erste unter der Direktion von Gatti-Casazza allein (Dippel ist nach Chicago gegangen), beginnt mit der neuen *Armide* von Gluck unter Toscanini (Fremstad, Caruso, Amato); französischer Text. Es folgt die *Fanciulla del West*, Uraufführung der Oper von Puccini in Anwesenheit des Komponisten, wovon hier schon die Rede war. Das deutsche Repertoire wird gleichfalls durch eine Uraufführung bereichert, die der Opernfassung des früheren Melodrams *Die Königskinder* von Humperdinck (Dirigent Hertz). Toscanini leitet noch die für New York neue *Ariane* von Dukas.

1911/12 fällt es ihm zu, die *Neugierigen Frauen* des Halblandsmannes Wolf-Ferrari mit italienischem Text einzuführen — die Oper ist ursprünglich auf einen deutschen geschrieben; Besetzung: Farrar, Bella Alten, Jadlowker, Scotti. 1913 dirigiert Toscanini den *Boris Godunow*. Das Jahr des Verhängnisses 1914 beginnt noch in vollem Glanz der Prosperity: *L'amore dei tre re* von Montemezzi; bald darauf, ebenfalls unter Toscanini, ein weiteres Werk von Wolf-Ferrari *L'amore medico* (nach Molières *L'amour médecin*). Es gibt dann noch mehr neue Opern in dieser Spielzeit, darunter *Julien*, die Fortsetzung der *Louise* von Charpentier; und neu ist auch der *Rosenkavalier* mit den Damen Hempel und Ober. Fünf Neuheiten — das war fast so ungewöhnlich wie Krieg in Europa. Ja, man mußte für die Spielzeit 1914/15 — Amerika blieb ja noch lange neutral — den für das Ensemble wichtigen Sänger Reiß aus einem französischen Konzentrationslager kommen lassen, während ein anderer von den Unentbehrlichen, die es an jeder Bühne gibt, Dinh Gilly, aus österreichischer Gefangenschaft nicht zeitgerecht befreit werden kann. An der Metropolitan hat der Krieg nichts geändert — Repertoire und Personal bleiben weltbürgerlich. Noch immer sind, sämtlich dem deutschen Personal zugerechnet, die Damen Destinn, Gadski, Hempel, Kurt, Matzenauer und Ober da, die Herren Rudolf Berger (der bald danach stirbt), Urlus, Sembach, Hermann Weil und andere.

Aber die Dirigenten wechseln. Mahler ist längst geschieden und nun schon drei Jahre tot. Alfred Hertz verläßt die Metropolitan mit dem Ende dieser ersten Kriegssaison. Unmittelbar vor ihrem Abschluß erleidet Toscanini einen Nervenzusammenbruch, sagt zwei Konzerte ab, fährt nach Europa und — kommt nicht wieder. Otto H. Kahn, leitend in der Verwaltung des Hauses, schickt ihm ein langes Telegramm nach, unterrichtet ihn von dem guten Ertrag des Jahres, dankt für großartige Pflichterfüllung. Keine Antwort. So wenig sich manche von den Betroffenen erklären konnten, warum dieses Meteor Toscanini 1908 dem Gesichtskreis der Scala entschwand, so wissen nun die New Yorker nicht, warum er erst Jahre später zwar wieder nach New York kommt, aber nicht mehr als Operndirigent. Die letzten Ursachen sind immer wieder: Unerbittlichkeit und wohl auch Übermüdung. Die Oper verzehrt den ganzen Menschen. Im Konzert hat man es doch leichter.

XIII. Krieg — Italien

TROTZ KRIEG und vielleicht sogar gerade darum blüht die Metropolitan auf, ihre Sterne leuchten, sie hat nun erst recht ihr glänzendes Publikum und darf — unvorstellbar für uns Menschen der Krise — aus dem Vollen schöpfen. Gern würde man einem Toscanini jedes Zeichen seines Taktstockes mit Gold vergüten. Aber er flieht nach Hause. Sein Vaterland, das Land seiner Jugend, seiner ersten Erfolge, ist im Krieg, sein Sohn hat sich freiwillig zur Truppe gemeldet. Es duldet ihn nicht in der Fremde. Beinahe wäre er mit der „Lusitania", dem Unglücksschiff, nach Europa gefahren; aber es fand sich acht Tage früher eine Überfahrt, und so kam er heil an sein Ziel.

Man darf nicht glauben, daß er in den amerikanischen Jahren Italien vergessen hätte. Er dirigiert 1911 in Rom den *Falstaff* (1910 hat er im Pariser Théâtre Châtelet *Aïda* in der Besetzung der Metropolitan aufgeführt). 1913 wird in ganz Italien die Jahrhundertfeier von Verdis Geburt als Nationalfest begangen. Da findet Toscanini sogar an die Scala zurück. Sein Anteil an der Verdi-Huldigung des italienischen Opernthesters: *Traviata* und *Falstaff*. Er organisiert die Feier in Busseto, der Geburtsstadt, dirigiert, wird Ehrenbürger der Gemeinde.

Dann tritt er in dem so völlig andern Italien des Krieges wieder hervor. Im Herbst 1915 ist er der Dirigent einer Wohltätigkeitsstagione im Teatro dal Verme in Mailand; selbst Caruso tut mit. In 42 Aufführungen (*Pagliacci, Susannens Geheimnis, Tosca, Maskenball, Falstaff, Madame Sans-Gêne*) werden — auch hier Zahlen — weit über 200.000 Lire vereinnahmt. Unter freiem Himmel, in der Arena, gibt es ein Konzert mit großen Massen von Chor und Orchester. Toscanini dirigiert nationale Hymnen, die Zuhörer singen plötzlich mit, er aber dreht sich zu ihnen um und gibt mit seinem weitausholenden Schlag die Taktzeichen. Tausende geraten in einen Taumel der Begeisterung. Weil es aber dunkel wird, nestelt alles Fackeln aus den gerade mitgebrachten Zeitungen zurecht und zündet sie an, ein grandioser Anblick.

Am 31. August 1916, während der epischen Kämpfe um den Isonzo spielt eine Militärkapelle auf dem von den Italienern gewonnenen

Monte Santo. Toscanini ergreift den Taktstock und dirigiert in das Getöse des Krieges hinein. Er bekommt die Tapferkeitsmedaille. Die Photographie von dort oben war in Italien sehr bekannt.

Als sein Freund d'Annunzio 1920 Fiume besetzt, eilt abermals Toscanini herbei und leitet ein Konzert für die Armee, für eine Italien gewonnene Stadt. Drei Stunden spielt die Musik, spielt Beethoven (Toscanini hat sich nicht gescheut, schon während des Krieges den Trauermarsch aus der *Götterdämmerung* in Rom aufzuführen, trotz allen Protesten); Beethoven so gut wie Debussy, und d'Annunzio dankt in zwei Reden an die „Legion des Orpheus" und ihren Kommandanten Toscanini. Dieser hat sich als einer der ersten im Beginn der stürmischen Nachkriegsjahre zu einer vielangefeindeten Bewegung und ihrem heftig geschmähten und verfolgten Führer, dem Mailänder Redakteur Mussolini, bekannt. Er hat sich mit ihm als Wahlkandidat aufstellen lassen, ist mit ihm unterlegen. Der Ministerpräsident, der Duce, hat das nie vergessen. Toscanini ist nationaler Italiener und bejaht den Staat. Wenn das von Übereifrigen bezweifelt worden ist, so ist es darum nicht minder wahr. Man weiß gerade in Italien, wie viel er im Ausland für den Ruhm italienischer Kunst und Geistigkeit, aber auch für die Wertschätzung Italiens getan und geleistet hat.

XIV. Beherrscher der Scala

IM JAHRE 1918 noch immer Kriegswohltätigkeit. Toscanini hat ihr ein Vermögen geopfert. Man sage nicht, er habe es leicht gehabt, ein neues zu erwerben. Gewiß ist, daß er geopfert hat, während andere, nicht nur „Händler", sondern auch Künstler bequem hinzuverdienten.

Nun aber wird das Orchester, das unter seiner Leitung zugunsten des Mailänder Konservatoriums konzertierte, streng gesiebt und überprüft. Diese mit höchster Sorgfalt von Toscanini selbst zusammengestellte Körperschaft unternimmt dann Reisen, die in der Saison 1920/21 bis nach Amerika führen. Man spielt selbst in der Metropolitan; gibt im ganzen „drüben" 124 Konzerte. Zelle und Kern des neuen Scala-Orchesters sind gebildet.

Denn nun tritt eine seiner Lebensaufgaben, eine der größten an Toscanini heran. Die Scala soll wieder zum Leben erstehen. Es gibt für sie nur einen Künstler, der sie leiten könnte, den Dirigenten Italiens in der Welt, Arturo Toscanini. Er nimmt an, aber unter Bedingungen, die von allem verschieden sind, was einem Direktor bishin geboten wurde. Seine Macht wird unumschränkt, seine Mittel sollen nicht begrenzt sein und er darf frei verfügen. Eine Höhenzeit der italienischen Oper steht bevor.

Wie ist es zu der Wiederbelebung gekommen?

Die Scala war immer eine Art Hoftheater ohne Hof. Ihr Rang leitete sich auch von einer Hofbühne ab, dem alten Teatro Ducale, das 1776 niedergebrannt war. In weniger als zwei Jahren erstand damals auf einem von der Kaiserin Maria Theresia zugewiesenen Platz das Theater von heute, an der Stelle einer Marienkirche „della Scala". Eine Oper von Salieri weihte den neuen Bau ein, nicht nur für diese nun fernen Jahre eine Sehenswürdigkeit. Daß dann die große Zeit der Mailänder Oper kam, ist hier schon gesagt, aber auch ihr Abgleiten angedeutet worden.

Die Führung des Theaters war eine Angelegenheit der Stadt. Doch schon in der Saison 1897/98 blieb die Scala geschlossen. Ein Mäzen, der Herzog Guido Visconti di Modrone, nahm danach für drei Jahre alle Lasten auf sich. Man setzte 1898 Gatti-Casazza und Toscanini ein, der das Theater in seiner Kunstbesessenheit leitete, verließ und wieder übernahm. 1901 hörten die Unterstützungen auf. Der Sohn des Mäzens, Duca Uberto, erbte von seinem Vater das nobile officium und so konnte bis 1917 weitergespielt werden. 1908 schied Gatti-Casazza aus, ging an die Metropolitan und Toscanini folgte ihm. Von 1917 bis 1920 blieb das Theater geschlossen, eine kurze Wohltätigkeitsstagione im Herbst 1918 abgerechnet. Jetzt, in der Nachkriegszeit, besinnt man sich einer großen Vergangenheit der Stadt und des Theaters. Eine Vereinigung von mäzenatisch gesinnten Bürgern — einer allein kann in diesem Jahrzehnt nicht mehr genügen — beschließt die Wiedereröffnung und läßt zunächst das Bühnenhaus von Grund auf umbauen. Es erhält — schon im Hinblick auf die künstlerischen Absichten der neuen Leitung — die vollkommensten technischen Einrichtungen. Mit Geld muß nicht gespart werden. Das ist auch die Bedingung, die Arturo Toscanini gestellt hat. Nur er kann der Vertrauensmann der Gesellschaft, dieses „Ente Autonomo della Scala" sein. Mehr als das: er eigentlich hat die Gesellschaft zusammengeschweißt, von ihm gehen die Vorschläge aus, an ihn hat man sich sogleich gehalten. Toscanini hat sich damit abgefunden, in den nächsten Jahren seine einzigartigen Gaben dem Vaterland zur Verfügung zu stellen, die Arbeit von mehreren Männern zu leisten — dies, obgleich es ihm an den besten erreichbaren Helfern nicht fehlt. (Dem Gast der Scala, der von „draußen" kam, waren da besonders Scandiani und die getreue Adjutantin Anita Colombo bekannt geworden.)

Es muß betont werden, daß Toscanini die vorteilhaftesten Auslands

anträge abwies, um der Scala treu zu bleiben — Rücksicht auf hohe
Einnahmen ist es also nie gewesen, wenn er früher von einem Theater
Abschied nahm. „Aber Sie haben doch gar keinen richtigen Vertrag
mit der Scala", rief ihm einmal ein großer Agent zu, der für das Ausland arbeitete. „Gewiß nicht," war die Antwort — „aber ich fühle
mich der Scala gegenüber moralisch gebunden." Als dann die erste
Saison des Ente Autonomo unter Toscanini glanzvoll beendet war,
wollte sich ihm das Verwaltungskomitee über das vereinbarte Honorar
hinaus dankbar zeigen und beschloß, ihm eine Sondergabe von
100,000 Lire zu überweisen. Der Scheck kam zurück. „Erlauben Sie
mir eine Spende für den Personalfonds" — bat Toscanini; das konnte
nicht abgeschlagen werden. Dort, wo die Namen der Stifter in den
Marmor des ehrwürdigen Hauses gemeißelt sind, liest man heute:
„N. N. — 100,000 Lire". Wenige wissen, daß sich der große Dirigent
auch auf diese Art um die Scala verdient gemacht hat.

Im Juli 1920 war das Ente Autonomo konstituiert, die Direktion
Toscanini eingesetzt, die Wiedereröffnung beschlossen. Die erste
Aufführung fand am 26. Dezember 1921, dem traditionellen Santo
Stefano der italienischen Operntheater, statt. So lange hatte man
gebraucht, das Personal zusammenzustellen, Orchester, Chor, Hilfskräfte zu schulen, den Betrieb in Gang zu bringen. Man bedenke, daß
ein ganz neuer und gänzlich ungewohnter szenischer Apparat gehandhabt werden mußte! Die Eröffnungsvorstellung, von der Stadt, von
ganz Italien fieberhaft erwartet, brachte den *Falstaff* mit Stabile; es
war ein Triumph der Ensemblekunst, also des Dirigenten, aber auch
der Ausstattung. Die Saison brachte noch den *Parsifal* unter Toscaninis trefflichem Helfer Panizza. Toscanini selbst leitete den *Boris
Godunow*, den 1909 Schaljapin an der Scala gesungen hatte — jetzt
gab ihn Zaleschi, der Boris auch der ersten Wiener Aufführung. Dann
Mefistofele mit Pertile, der da zum ersten Male auftrat, die *Wally*
von Catalani, die *Meistersinger* — Toscanini bleibt seinen Freunden,
seinen Lieblingswerken treu. Er hat, als die Spielzeit am 7. Mai 1922
zu Ende geht, 5 Opern an 56 Abenden dirigiert — schon und nur 12 umfaßte dieses erste Repertoire.

Die zweite Saison (1922/23) bringt zwei italienische Neuheiten:
Debora e Jaële von Pizzetti und *Belfagor* von Respighi. Neu einstudiert
werden die *Manon Lescaut* von Puccini, *Lucia*, *Louise* und *Lohengrin*.
Toscanini widmet sich der *Zauberflöte*, einem in Italien selten gespielten
Werk — es ist merkwürdig, daß man dort die Opern von Mozart, die
uns so völlig südlich anmuten, kaum als italienisch beeinflußte Musik
empfindet; man hat Beethoven weit eher schätzen gelernt und wächst
erst allmählich in den dramatischen, den tragischen Mozart hinein.

Auch das *Requiem* von Verdi kommt wieder zu Gehör, mit Toscanini, mit der Scala von jeher verbunden. 12 Opern von 19 dieses zweiten Repertoires sind von Toscanini übernommen worden, in 90 Aufführungen erscheint er am Pult. In der dritten Spielzeit sind es 14 Opern mit 81 Aufführungen des Direktors, für die anderen Kapellmeister bleiben 10 weitere Werke mit 54 Aufführungen übrig. Es ist die Saison des von Adolphe Appia ausgestatteten *Tristan*. Appia war um die Jahrhundertwende der Revolutionär der Wagner-Inszenierung, Umstürzler aus fanatischer Wagner-Begeisterung. Sein Buch der Anregungen, ein Manifest an die Zukunft der Bühne, hat auf Roller, Mahler, Reinhardt, auf alle gewirkt, die seither Wagners Werke in die szenische Sprache der Gegenwart umzusetzen bemüht waren — wie alle wahren Anreger auch auf solche, die unbewußt in sein Zeichen gerieten. Bayreuth diskutierte seine Pläne, die nun freilich zu einem Bruch mit der naturalistischen Inszenierung auch der Festspielbühne führen mußten; und dagegen gab es zu viel Widerstand. Um so mehr Mut gehörte in Italien zu einem so kühnen Experiment. Toscanini bewies ihn ja nicht zum ersten Male, aber nun auch auf neuem Feld.

Sind diesem Besessenen einer Kunst die angrenzenden Bezirke des Geistes etwa fremd? Nein, er träumt nicht nur Gestalten, er liebt ihre Verkörperung im Bild. Wer so wie er Italiener ist, kann ohne Kunstbesitz — und sei es der der Museen — nicht leben. Seine Wohnung in der Mailänder Via Durini wird selber eines. Große, weite Räume, angefüllt mit Kostbarkeiten, dabei von schlichtester Einfachheit der Grundhaltung. Aber ungezählte Bücher und Noten. Die vielen englischen Klassiker (in der Ursprache) fallen auf. Sehr, sehr viele Musikerbiographien. Die Dirigenten von heute wühlen in Schätzen des Geistes, vergraben sich in vergangene Zeiten, philosophieren, suchen Kunst und Welt zu ergründen. Nicht alle bleiben dabei elementar wie dieser Meister, der, in der Mailänder Epoche der entfesselten Scala zwischen Fünfzig und Sechzig, die Stätte seines Wirkens zu der herrlichsten Opernstadt der Welt macht.

Die Neuheiten des Theaterjahres 1923/24: *Sakuntala* von Alfano, ein Hauptwerk der neueren italienischen Oper, und der endlich in das Licht der Rampen gerückte *Nerone*. Erinnerung an Boito, an Verdi. Beispielloser Triumph einer Wiederbelebung, aber auch der Inszenierung; Triumph des Dirigenten. Die erste Aufführung (Mai 1924) ein nationales Ereignis — und eines der Mailänder Gesellschaft. 827,000 Lire Einnahmen...

Mit diesem *Nerone* gastiert die Scala, gastiert Toscanini in Bologna. Als Gast der Zeitung *Resto del Carlino* komme ich, Zeitbeobachter, ein Stück Publikum, aber ganz andere Maßstäbe, ein anderes Musizieren

XIV. BEHERRSCHER DER SCALA

gewohnt, zum ersten Male mit der Kunst des Interpreten Toscanini, mit der Umwelt, die ihn hervorgebracht, die er sich da neu geschaffen hat, in bewußte Berührung. Ich muß umlernen, aber das ist gut, es ist auch schon oft geschehen — des Lernens und, wie man das schöne Wort Schumanns ergänzen möchte, des Umlernens ist kein Ende. Was aber den Enthusiasten auch für die Musik des Südens, immer stärker überzeugten Bekenner einer Wiederkehr großer Opernvergangenheit hier gefangen nimmt und nicht wieder freigibt, ist der Sinn für das Unbedingte solcher Kunstübung, für die Magie dieses Toscanini: er ist der, den man geschildert hat und ist inzwischen mehr geworden. Ich werde ihm folgen, wo immer er mir nur erreichbar sein kann.

Einige Worte von Mensch zu Mensch sagen viel weniger als das Unpersönlich-Sachliche, die allgemeine Verzauberung. In einigen von uns bleibt, trotz allem Metier, der deprimierenden Folge und Hast des Tag-für-Tag-Hörens und -Schreibens, den Kompromissen zwischen Unbeirrbarkeit des Eindrucks und dem Wunsch, sich so wenig wie möglich bemerkbar zu machen, so wenig wie möglich weh zu tun, doch der Sinn für Vollkommenheit, eben für das Absolute, das Unbedingte. Das und die nicht mehr natürliche Macht und Kraft einer vom Geist getragenen Wiedergabe entscheidet. Vieles versinkt, was gegolten hat — es war Milieu, Gewohnheit, Überlieferung, von der man sich befreien darf und kann. Wo einem eine neue Welt geschenkt wird, blickt man nicht zurück. Indem man sie ins Auge faßt, bleibt man sich treu.

*

Dann hat Toscanini abermals vierzehn neue und neu aufgenommene Opern in der vierten Scala-Saison (1924/25) zu dirigieren. Auch neu inszeniert werden *Rheingold* und *Walküre*, denen im nächsten Jahr *Siegfried* und *Götterdämmerung* folgen. Die neuen Werke sind zeitgenössisch-italienischer Herkunft: *Cena delle beffe* von Giordano, ein *Teufel im Glockenstuhl* nach Poe von Lualdi, das Ballett *Convento Veneziano* von Casella. Aber etwas anderes wirkt noch bemerkenswert: eine Reprise des *Pelleas*, solenne Huldigung für Debussy. Mit den unbeschränkten Mitteln der Scala, auf dem Höhepunkt der Interpretation selbst eines Toscanini, und eine Fortsetzung in der Linie der Verdi-Renaissance: der neue *Troubadour* der Scala. Es ist eine neue Oper, die man nie zuvor gehört zu haben glaubt. Was ist dieses Neue? Man kann es nicht beweisen. Gewiß auch die märchenhelle und märchendunkle Durchleuchtung der Partitur. Dann aber das Hervorholen des Geistes aus dem Schlamm der Gewohnheit, der gerade dieses Werk wie kein anderes umkrustet hat. Wir rühren an ein Geheimnis der Wiedergabe nicht nur des Meisters Toscanini.

Im Herbst dieses Jahres 1925 kommen wir aus aller Welt zu dem Musikfest der Internationalen Gesellschaft für neue Musik nach Venedig. Strawinskij repräsentiert sich nicht nur durch ein Werk, sondern auch in Person; und ebenso Schönberg, Milhaud, viele andere. Zweites Gespräch mit Toscanini, der wütend um den Markusplatz herumläuft: „Vieles davon ist für mich keine Musik — aber es wird auch heute noch Musik komponiert." Man sollte ihn nicht als Gegner der modernen oder „neuen" Musik ausgeben. Er sucht immer wieder unbekannte Werke. Wenn er mit dem amerikanischen Orchester nicht lange darauf eine Tournee durch Europa unternimmt, dirigiert er Debussy und Ravel, Elgar, Goossens, Honegger, Kodaly (in Wien 1934 den *Psalmus hungaricus*), Mussorgsky (*Bilder einer Ausstellung* in der Instrumentierung durch Ravel) — dazu Pizzetti und Respighi und selbstverständlich symphonische Dichtungen von Richard Strauß, die er sich allerdings immer ganz persönlich aussucht.

Man tastet nach einer Formel: Wo Toscanini artistische Vollendung, etwas Ähnliches wie lateinische Klarheit und Präzision gefunden zu haben meint, wo ihn Klangqualitäten, über alles andere hinweg, mitreißen, der Zauberer des Orchesters eine Möglichkeit erspäht, nimmt er hin, was die Zeit ihm zuträgt. Absolute „Atonalität" scheint ihm fremd. Einen Künstler, der so viel Unbekanntes im Bekannten findet, verlangt nicht so sehr nach Unausgesprochenem. Zu ihm dringt, was ihm gemäß sein wird — mehr nicht, aber auch nicht weniger. Das ist Schicksal, ist Problem der Generation. Man sollte warten, abwarten und es nicht zerreden.

Die fünfte Saison (1925/26): Gleich da erscheint Strawinskij als Dirigent seiner *Nachtigall* und des Balletts *Petruschka*. Man spielt die *Chowantschina* von Mussorgsky. Die Wiederbelebung des mittleren Verdi ruft einen wunderbar eindringlichen *Maskenball* hervor und in der Reihe der Opern, die man „noch nicht gehört" hat, erscheint der *Faust* von Gounod; dazu hätte man eigens nach Mailand reisen dürfen. Aber wenn man nun zu der Uraufführung der *Turandot* hinfährt, kann man gerade das nicht hören, auch nicht die Musik des *Heiligen Sebastian* von Debussy, dessen Tanzpoem Ida Rubinstein verkörpern läßt. Die Presse „der ganzen Welt" ist versammelt, aus Amerika sind Berichterstatter, Kritiker gekommen. Nichtsdestoweniger verschiebt Toscanini die Premiere, nach Monaten der Vorbereitung, zuletzt noch um einen Tag, von Samstag auf Sonntag, den 25. April 1926. In Mailand kann er das tun, kann alles. Es ist vorgekommen, daß er Reprisen nach der Generalprobe absetzt, die dafür verpflichteten Sänger honoriert und nach Hause entläßt. Für die *Turandot* findet eine Generalprobe zwei Tage vorher statt —

Presse-Generalproben sind, wie man von den letzten Werken Verdis her weiß, an der Scala keine Selbstverständlichkeit. Warum ist die Premiere verschoben worden? Kommt es auf solchen Gewinn eines einzigen Tages an? Einem Toscanini allerdings. Bei dieser Generalprobe und dann von der zweiten Aufführung an wird die von Alfano nachkomponierte Schlußszene gespielt. Aber bei der Uraufführung endet das Werk mit den trostlosen Trauerrhythmen der Liu (übrigens in der *Tosca* schon vorgeahnt) und der Dirigent weist mit kurzen Worten darauf hin, daß hier der Tod stärker war als der Meister und das Werk. Begeisterte Berichte über Toscanini und die Scala gehen nach allen Ländern Europas, nach Amerika. Soviel Vollkommenheit ist unvorstellbar.

Im Sommer *Falstaff* in Busseto. Es ist wieder ein Verdi-Gedenkjahr: ein Vierteljahrhundert seit seinem Tod. Verdi, der das Werk am liebsten in irgend einem ganz kleinen Theater gehört hätte, fern von den gigantischen Opernbühnen der Hauptstädte, fern vor allem ihrem Betrieb, der Premierensensation, die selbst schon „inszeniert" wird, wie früher vielleicht nur das Werk... Man versteht das sehr gut, wenn man in dem kleinen Theater von Busseto seinen Platz findet und nun etwas ganz Neues sieht und hört. Die Vollendung dieses Spiels wird nicht wiederkehren. Noch steht man im Bann der Örtlichkeit von Busseto — Roncole mit dem Geburtshaus, S. Agata, wo es die vielen Erinnerungen gibt, die Landschaft, den Park, die Manuskripte in der Villa! Man ist noch weiter gefahren, hat das von Verdi gestiftete Spital gesehen. Dies alles vibriert geheimnisvoll in der Wiedergabe eines Toscanini.

*

Es gibt noch drei Saisons unter solcher Leitung an der Scala. In der von 1926/27 wird die ungeheure Spannweite des Maestro durch Reprisen wie *Don Carlos* und *Freischütz* bezeichnet. Die Liebe für Weber, diesen nach Wagner deutschesten Tonsetzer und Tondichter, der dennoch ins Weltbürgerliche gestrebt hat, ist den großen Dirigenten gemeinsam: Toscanini, Mahler, Walter. Nicht so leicht ist es, ein romanisches Publikum in die Volkssage vom Freischütz und ihre nördlichen Waldbezirke einzuführen — aber eben das ist Toscanini damals, wie alle Schilderungen und Berichte betonen, ganz wundersam gelungen. Es ist auch die Spielzeit eines neuen *Fidelio*; der *Rosenkavalier*, die *Ariane* (Dukas) ersteht von neuem, die *Gioconda*, dieses Lieblingswerk aus der Epoche des italienischen „Melodrams", das Paar *Cavalleria-Pagliacci* vom Eingang des Verismo — alles das läßt sich vereinigen. Diese neue Scala ist wahrhaftig, was sie ja sein wollte, ein Repertoire-Theater geworden —, und wenn dieses Repertoire auch stärker wechselt als das unserer nordischen Opernbühnen, und wenn es nicht ihren Umfang erreicht, so enthält es doch bezeichnende Werke verschiedenster Kulturen der Musik und Toscanini erfüllt sie alle mit seiner Intensität — gibt sie ihnen auch dort, wo er sie nicht persönlich leitet. Er ist immer im Haus, das macht es; kann immer ins Parkett, auf die Bühne stürzen. Auch hat er seine Helfer entsprechend gewählt. Man darf die jungen italienischen Dirigenten und besonders jene, die in der Nähe des Großen weilten, seine Proben miterlebten, mitgearbeitet haben, als Schule Toscanini zusammenfassen: es ist, wann immer man heute einem italienischen Kapellmeister begegnet, von vornherein anzunehmen, daß er durch diese Schule gegangen ist, bewußt oder unbewußt.

Die Neuheiten dieser Spielzeit sind eine Oper nach Dostojewskys *Schuld und Sühne* von Pedrollo und ein preisgekröntes Werk von Rossato. Die nächste Saison (1927/28) bringt eine neue Oper von Pizzetti (*Fra Gherardo*) und den alsbald international erfolgreichen *Sly* von Wolf-Ferrari. Nach dem Ballett der Rubinstein (1926) hat Mailand 1927 die russischen Ballette der Truppe Diagilew zu sehen — noch ist sie vereinigt. Neuinszenierungen dieser vorletzten Saison sind *Othello* und *Figaro*, *Regimentstochter*, die *Siberia* von Giordano — aber vor allem ein grandioser *Fidelio*, erste Aufführung der Oper an der Scala! Von Giordano wird für 1928/29 eine Neuheit angekündigt, die Oper *Il re*. Dazu kommen die *Versunkene Glocke* von Respighi, eine Oper von Lattuada, die *Heure espagnole* von Ravel und an Reprisen, die bei dem Charakter dieser Art von Spiel immer auch Neuinszenierungen sind, *Don Giovanni* und *Parsifal*; dazu die *Forza del destino*, die *Francesca da Rimini* von Zandonai, die *Germania* von Franchetti. Bewegt sich Toscanini in dem alten Kreis? Er muß sich auf die nicht allzu zahlreichen Erfolgswerke der noch kaum vergangenen Jahrzehnte verlassen, auch die bei alledem schon historischen Werke besonders der neueren italienischen Opernliteratur berücksichtigen. Daß noch persönliche Vorliebe oder besser Treue gegen einmal erwählte oder ihm zugeführte Schicksalsgefährten einfließt, ist ein schöner Zug. Die Spannkraft seines Geistes, die Entdeckerfreude, der Mut hat nicht nachgelassen: *Don Giovanni* ist eine Oper, die erst durchgesetzt werden muß. Nach der Salzburger Aufführung unter Walter (1934) wissen wir, was eine schon von E. T. A. Hoffmann geforderte, von Mahler erträumte italienische Textwiedergabe dieser Oper bedeutet: Geschenk eines Dämons an Mozart, aber an die Bedingung geknüpft, an der Sprachfarbe, dem unübertragbaren Wortsinn des Urtextes festzuhalten, den zu ersetzen die gleiche

Mühe und Last bringt wie eine Instrumentationsänderung. Und Mozart uminstrumentieren?

Am 26. Dezember 1928 sind es dreißig Jahre, daß Toscanini an die Scala gekommen ist. Wie er damals die *Meistersinger* dirigierte, so bringt das Jubiläum eine festliche Aufführung des geliebten Werkes an diesem selben Santo Stefano. Ihm zu Ehren wird, da er für sich selbst Huldigungen und Geschenke abgelehnt hat, der Fonds für eine Stiftung gesammelt, die seinen Namen trägt und für Kinder des Scala-Personals, besonders der Orchesterspieler, bestimmt ist.

XV. Die Scala auf Reisen

ABER NACH dieser Spielzeit, im Sommer 1929, will sich Toscanini von der Bühne zurückziehen. Er ist 62 Jahre alt und hat ein hartes Leben verzehrender Arbeit hinter sich. Dirigieren heißt für ihn, sich bis aufs letzte, auch körperlich ausgeben. Wer ihn da einmal aus der Nähe beobachtet hat, weiß das: er fällt aus einem Trance- geradezu in einen Erschöpfungszustand. Trance, die Besessenheit ist sein Wesen, es ist vielleicht das tiefste Geheimnis seiner Interpretation — aber die Ermüdung folgt und allzu viel Ermüdung summiert sich. Die Bühne aber braucht — es wurde schon gesagt —, ein Mehrfaches der Kräfte gegenüber den gewiß auch nicht geringen Anstrengungen des Konzertpodiums. Toscanini wird mit jedem Sänger fiebern, zittern, rasen, alles Gelungene und auch Mindergelungenes miterleben und das in seiner unbändigen Leidenschaftlichkeit. Dazu kommt aber, daß er ja auch ruhig bleiben muß, sich für andere beherrschen. Diese Bühnenmenschen dürfen sich dem Augenblick hingeben — er hat die gleiche Kraft, die sie antreibt, auch noch im Gegensinn nötig, um Hemmungen einzuschalten.

Würde schon das genügen, sein Verlangen nach Ruhe zu begründen, so wissen alle, die sich jemals mit dem Theater und gar dem von heute, mit seinem Betrieb befaßt haben, wie der Alltag an der kühnsten Geisteshaltung zehrt. Gerade die großen Fanatiker des Theaters verlieren sich darum bald an den Festspielgedanken (Wagner, Mahler). Je stärker ihre Sehnsucht nach Vollkommenheit wird, je höher ihre Wünsche fliegen, desto deutlicher erkennen sie, daß Exzeptionelles nur an besonderer Stätte oder unter besonders glückhaften Umständen Wirklichkeit werden oder besser bleiben kann.

An dem Vorsatz, dem Theater nur noch ausnahmsweise zu dienen, hat Toscanini festgehalten. Eine solche Ausnahme sollte Bayreuth sein, Ausnahme auch Salzburg. Wie es seiner Art entspricht, haben ihn die lockendsten Anerbietungen nicht erschüttert — in jedem solchen Fall wären übrigens seine Forderungen, nicht die mit Geld zu befriedigenden, sondern die Anforderungen an Mitwirkende, an die Vorbereitungsmöglichkeit nicht mehr zu erfüllen gewesen. Er hat vom Herbst 1929 an, von solchen Ausnahmen abgesehen, nur noch Konzerte geleitet. Bevor er aber Abschied nahm, wollte er dem stolzen Musikgebiet jenseits der hohen Berge einmal zeigen, was ein durch Jahre in seinem Geist, mit seinen Mitteln geführtes Theater, was diese Scala geworden war, was man dort erreichen konnte. Auch die Unternehmung der Scala wollte stolz auf ihr Werk hinweisen. So kam die einzigartige Reise des gesamten Scala-Ensembles nach Wien und Berlin zustande. Die Pfingsttage dieses Jahres 1929 sahen das Theater, Sänger, Chor, Orchester, Bühnenpersonal, Bühneneinrichtung und sogar ein Stück von seinem enthusiastischen Publikum in der österreichischen Hauptstadt. Nur die Mauern schienen daheim geblieben zu sein.

*

Zwei Aufführungen, *Falstaff* und *Lucia*. Im *Falstaff* Stabile, Enzo de Muro, Autori, die Damen Llopart, Alfani, Casazza, Vasari. In der *Lucia* die Toti dal Monte, Pertile, Franci. Erlesene Ensembles, ein herrliches, junges Orchester, an Schönheit des Klangs, Zartheit, dabei Bravour unübertrefflich. Aber die Causa movens war doch Toscanini. Man stand vom ersten Augenblick an, es ist keine Phrase, in seinem Bann. Wien liebt Persönlichkeiten, es kann sich bedingungslos hingeben, es verzeiht um eigenster Größe willen alles. Nun, der Dirigent der Dirigenten, dessen Ruf ihm ja längst vorgeeilt war, der Bezauberer der Oper, der souveräne Herrscher über alles und jedes, das Größte wie über jede Einzelheit in diesem Spiel, ein Beschwörer der Werke und des Publikums ist da. Die Vollkommenheit dieses Musizierens scheint unvorstellbar: traumhafte Übereinstimmung von Gesang, Spiel, Orchester, Szene. Man ist berauscht; die Kritik wird ekstatische Hymne. Es ist auch keine fremde Kunst. Wir sind in einer Stadt, die den Zusammenhang mit der italienischen Tradition des Opernspiels niemals aufgegeben hat.

Ovationen, Feste, Empfänge, soweit die knappe Zeit reicht. Dann muß der Sonderzug der Scala weiter, nach Berlin. Dort gibt es dreimal so viel Aufführungen: *Falstaff*, *Rigoletto*, *Lucia*, *Troubadour*, *Manon Lescaut* (Puccini), *Aïda*. Berlin, um es in seiner Sprache zu sagen, steht Kopf. Hat man sich nicht, mit einigem Recht, eingebildet in dem wiedererstandenen Deutschland der Zwanzigerjahre, das sorgfältigste Opernspiel zu besitzen, mit einer Ehrfurcht gepflegt, die dem deutschen Ernst zu eigen ist und mit allen irgend entbehrlichen Mitteln? Man hat Dirigenten über Dirigenten gehabt, große Sänger, ausgezeichnete Orchester, die besten Bühneneinrichtungen und ein fast systematisch erzogenes Publikum. Was man dort und freilich auch anderswo seit langem nicht mehr gehabt hat, wenn je überhaupt, das war ein Mann von solchem Genie wie eben Toscanini, sonst mit denselben und vielleicht noch größeren Mitteln ausgestattet, unabhängig und imstande, jahrelang im gleichen Sinne zu arbeiten. Zugunsten der Italiener sprach freilich auch ihre angeborene Begabung für die Oper, der noch so viel Arbeit anderswo niemals gleichkommen kann. Aber es lag, das sagten die Berliner Zeitungen mit allem Freimut, schon auch am System und an dem nicht wiederkehrenden Glücksfall eines solchen geistig-künstlerischen Leiters. Wir sind Zeitgenossen, so hieß es von ungefähr, eines Mannes, wie ihn Generationen nicht erleben. Dieser Mann hat sich, ein weiterer Glücksfall, ungefährdet seine Welt schaffen dürfen. Vielleicht zerfällt seine Schöpfung wieder — und was kann von ihr übrigbleiben als ein Stück Tradition, die Legende und vielleicht einige Schallplatten? Aber die Gegenwart dieses Wunders gehört uns, die wir imstande sind, es zu ermessen.

Das wurde von den besten, hellhörigsten Menschen dieser hellhörigen Stadt besonders deutlich empfunden und gesagt. Von überall her kamen immer neue Künstler, Kritiker, Enthusiasten. Eine kleine Schrift von Toscaninis Anwalt-Freund Ansbacher druckt in italienischer Übersetzung insbesondere die Berichte Karl Holls aus der *Frankfurter Zeitung* ab. Er hatte auch die von Einstein, Bie, Schrenk und anderen gesammelt, wie sie dem Verfasser dieses Buches vorgelegen haben. Diesem selbst war es vergönnt, Zeuge der Berliner *Aida* zu sein. Den *Falstaff* hatte er vor Wien schon in Busseto gesehen und gehört, und so war denn *Aida*, dieses gewaltige Werk, vielleicht die grellste Erleuchtung, stärkste Erschütterung, allerdings auch der sicherste Riegel gegen jede Möglichkeit, künftighin eine unserer so oft lauen, willkürlichen, gleichgültigen und schon darum grundschlechten Darbietungen ertragen zu können. Erst jetzt zeigte sich, was Verdi gemeint hatte, und was, von der nordischen, oft bis zur Unkenntlichkeit entstellenden Verdi-Manier fernab, das Wesen eines solchen Werkes, ja der italienischen Oper überhaupt ist. Welches Glück aber, daß sich mir die Lebensgnade dieser Abende mit Toscanini noch reicher erschließen sollte! Welches Glück allerdings auch das Vergessen! Bliebe der Eindruck solcher Kunstwiedergabe fester haften, wie ließe sich der Alltag eines sogenannten Musiklebens ertragen, in dem die Mittelmäßigkeit dominiert, die Dekadenz fortschreitet...

XVI. Amerikanisches Orchester — Europareise

Es ist mir nicht auferlegt zu sagen, wie man es in Mailand hingenommen hat, daß Toscanini im Beginn der Spielzeit 1929/30 nicht mehr am Pult der Scala erschien. Die Scala tat das Mögliche, den Verlust minder fühlbar zu machen. Toscanini aber ging nach Amerika und übernahm einen Teil der Philharmonischen Konzerte in New York.

Er hatte auch während der letzten Mailänder Jahre nicht selten konzertiert und dirigiert. Auch die Mailänder Konzertgesellschaft hatte sich autonom konstituiert; noch in der letzten Mailänder Spielzeit gab es außer anderen vier Toscanini-Konzerte und eine von ihm geleitete Schubert-Feier. Mit dem Orchester der Scala hatte Toscanini 1925 eine Konzertreise in die Schweiz unternommen. 1926 finden wir ihn in New York. Im Oktober 1926 dirigiert er, wieder einmal in Turin, die *Neunte Symphonie* als Auftakt zum Beethoven-Jahr 1927; in Mailand an vier Abenden alle neun Symphonien. Abermals Amerika: Beethoven-Konzerte. Bei dem letzten, *Erste* und *Neunte Symphonie*, kommt es zu einem solchen Massenandrang, daß die Polizei Widerstand leisten muß. Toscanini wird sogleich für 40 Konzerte in der nächsten Spielzeit verpflichtet und erscheint auch 1928 wieder, so daß er eigentlich schon und abermals seine regelmäßige amerikanische Saison hat, einstweilen nur noch neben der Scala. 1929 ist er vom Februar bis zum April wieder drüben gewesen, ehe er den Opern-Triumphzug der Scala nach Wien und Berlin vorbereitet und leitet.

Nunmehr fährt er am 8. September 1929 von Mailand weg und ist bis zum 24. November, dann wieder vom 27. Februar 1930 bis zum 20. April in New York. Er dirigiert das altberühmte Philharmonische Orchester, das unter dem Stab der jeweils größten Dirigenten ihrer Epoche gespielt hat, und erregt selbst da Sensation, die gleiche und mehr denn als New Yorker Opernleiter. Wenn aber die Scala unter diesem Direktor-Dirigenten nur Österreich und Deutschland bereist hat — der große Apparat einer Operntournee hätte weiter gar nicht gebracht werden können — so will die Vorsteherschaft der amerikanischen Konzerte nicht zurückbleiben. Hat man jetzt nicht selber den Wundermann, der eben noch Führer des italienischen Theaters gewesen war? Wohlan, er wird mit dem Orchester nach Europa entsendet werden — das ist damals noch möglich. Die Tournee erreicht Mailand: als Dirigent eines fremden, überseeischen Orchesters gibt Toscanini die harten Schläge vor Beginn jedes Konzertes an ein Pult, das nicht das seine ist, weil er ja auswendig dirigiert. Ungeheure Ovationen begrüßen ihn in der mailändischen Künstlerheimat — war

XVI. AMERIKANISCHES ORCHESTER — EUROPAREISE

es nicht gestern, daß er hier Direktor, unumschränkter Gebieter, Kassenmagnet, vergötterter Publikumsliebling war? Man ist am 23. April von New York abgereist und beginnt am 3. Mai in Paris, ist am 6. in Zürich, am 8. und 9. in Mailand, am 10. in Turin. Von dort geht es nach Rom, zurück nach Florenz — und am 16. ist man in München angelangt. Nächste Station ist Wien, zwei Konzerte in der Oper am 18. und 19. Mai, fast auf den Tag ein Jahr nach dem Scala-Erlebnis. 21. Mai Budapest, 23. Prag, 25. Leipzig. Über Dresden nach Berlin, das am 27. und 28. Mai, ganz genau ein Jahr nach den Operntagen, Toscanini wieder zujubeln kann. Aber am 30. ist das Orchester in Brüssel und vom 1. bis zum 4. Juni in London....

Dieses Orchester hat die besten Instrumentalisten zweier Erdteile übernommen, darunter Virtuosen höchsten Ranges; es besitzt die besten, von Toscanini selbst sorgfältig geprüften Instrumente. Aus Wiener Erinnerungen notiere ich: Haydn (Symphonie *Die Uhr*); Debussy (*Après-midi*); Berlioz (*Queen Mab*); *Tod und Verklärung*. Wenn sich in den ersten französischen Stücken die Brillanz, die Souplesse des Vortrags übersteigert hat, so ist es ergreifend, welches Gemüt, wieviel Musik aus dem beiseitegeschobenen, nun einmal gar nicht brillanten Jugendwerk von Strauß quillt. Dritte *Leonoren-Ouvertüre* und (im zweiten Konzert) *Eroica*: Unvergleichliche Disposition, ergreifende Schlichtheit einer Beethoven-Wiedergabe, die Beethoven nichts hinzufügen, ihn nicht erläutern, annähern, umdeuten will. Grandioser Kontrast zwischen dem Trauermarsch und der elysäischen Seligkeit im Finale. Wieder virtuos und doch poetisch-romantisch das Notturno, das Scherzo aus dem *Sommernachtstraum*, die Ouvertüre und die orgiastische Venusbergmusik des *Tannhäuser* und der *Bolero* von Ravel. Um dieses Stück entsteht dann ein Streit zwischen dem gleichfalls dirigierenden Komponisten und Toscanini — sie nehmen aber schon völlig verschiedene Tempi. Ein Kritikerkongreß beschäftigt sich mit diesem schönen Schulfall abweichender Interpretation zweier Persönlichkeiten von solchem Format — aber für den Zuhörer eines Toscanini kann nur Toscanini recht haben.

Damals sagen die Wiener Philharmoniker, ein, wie alle Welt weiß, doch ganz besonderes Orchester: gebt uns diesen Mann und seine Proben! Es scheint unvorstellbar, ein frommer Wunsch. Drei Jahre später wird er sich erfüllen.

Muß man erst sagen, daß der europäische Triumph des amerikanischen Orchesters vollkommen ist? Es ist nicht nur der Triumph des Dirigenten. Aber jeder spürt: bei aller Hochwertigkeit der einzelnen Künstler und ihrer Gruppen wäre es, ohne Toscanini, eben ein glänzendes Orchester. Mit ihm ergibt es die Weltsensation.

Damals erhält Toscanini von der amerikanischen Universität Georgetown das Ehrendoktorat der Musik. In dem Diplom stehen die wohlgeprägten Worte: *Magister magistrorum musices.* Meister aller Meister.

XVII. Bayreuth

Das Orchester fuhr nach Amerika zurück. Aber sein Dirigent wandte sich nach kurzer Erholungszeit, wie immer, so besonders jetzt auch seinen Körper der Disziplin dieses Geistes unterordnend, nach Bayreuth. Hier hatte sich eine entscheidende Umgestaltung ergeben. Siegfried Wagner war anfangs der Meinung gewesen, er müsse in einer Zeit der „neuen" Musik und eines neuen Interpretationsstils, der sich gerade der deutschen Opernbühnen im Ansturm bemächtigt und ganz gewiß, den Werken Wagners gegenüber, auch zu Exzessen, ja Unmöglichkeiten geführt hatte, Bayreuth als Hort der eigenen Tradition erhalten. Nun kannte aber Bayreuth eigentlich nur eine einzige Tradition: die der besonderen Ehrfurcht und größeren Weihe. Auch waltete da von jeher der Genius der Örtlichkeit, weil ja die Stätte, die ein Richard Wagner gewählt und für seinen Dienst geformt hatte, gleichsam mit seinem ureigensten, geheimsten Walten verbunden blieb — wer mit geweckten Sinnen durch die Welt geht, spürt das fast körperlich. Niemals hatte sich Cosima Wagner, selbst eine weltbürgerliche Frau schon ihrer Herkunft nach, gescheut, an Menschen und Mittler zu appellieren, die außerhalb des Kreises sogenannter Gralshüter standen, und wenn auch in manchem die Ideologie, das Ressentiment eines mit Absicht verschlossenen Tempelbezirkes durchschlug, blieb die Praxis so frei, daß, häufig genug, die Spießer des Wagnertums zu murren begannen.

Als Siegfried allein die Leitung der Spiele übernahm, sprengte er immer größere Stücke der Mauer, die Bayreuth von Zeit und Umwelt zuletzt noch getrennt hatte. Sie wurde geschleift, als er Toscanini bat, in Bayreuth zu dirigieren.

Das war sicherlich kein leichter und ebenso gewiß ein großer Entschluß. Toscanini war Ausländer, noch dazu aus einem Land stammend, dem eine auch in Bayreuth manchmal geglaubte Legende eine Naturtendenz gegen die Kunst Wagners zuschrieb. Man hatte in Bayreuth schon oft ausländische Sänger verwendet — Cosima haßte den Betrieb der Mittelmäßigkeit in größerer Nähe —, aber ein Leiter ganzer Aufführungen? Würde er nicht ein betont romanisches Element einführen, die Spiele geradezu umgestalten? Was würde die Legion der deutschen

XVII. BAYREUTH

Kapellmeister, was der autarkische Teil der öffentlich Meinenden, was die Presse sagen?

Siegfried Wagner war des Glaubens, daß es auf die große Welt ankomme, der Bayreuth doch schon längst gehörte — und die Welt der Kunst bejahte seine Entscheidung. So groß war der Zustrom fernster Gäste wohl schon lange nicht gewesen wie in diesem Festspielsommer 1930. Jedes künstlerisch-geistige Beginnen, ohne Ausnahme, das in regelmäßiger Folge vonstatten geht, muß sich mindestens zuzeiten erneuern, und das von Grund auf. Für Bayreuth war die Ära Toscanini eine solche Verjüngung. Das größte Operngenie unter den Dirigenten der Gegenwart war den Spielen zugeführt worden.

Ihm aber, Toscanini, war die Berufung an eine ihm heilige Stätte Lohn für ein halbes Jahrhundert Wagner-Dienst. Er glaubte daran, daß Bayreuth den Gral noch besitze, und so recht nur Bayreuth allein. Das bestimmte auch die Umstände seiner Mitwirkung.

Aus den Wochen der Proben drangen freilich bald Gerüchte in die Außenwelt, die von nicht gewöhnlichen Ausbrüchen der bekannten terribiltà erzählten. Für Toscanini kamen nur größte, reichste Mittel in Betracht — so war er es gewohnt. Das Bayreuther Orchester aber war damals aus Spielern verschiedenster Jahresbeschäftigung zusammengesetzt. Zürnte der Maestro, so konnte er von der Probe weglaufen, Verwünschungen ausstoßen, schwören, daß er das Festspielhaus nie mehr betreten werde — wenige Augenblicke nachher probte er geduldig weiter, Stunden um Stunden. Daß er in den jahrzehntelang unter den größten Dirigenten verwendeten Orchesterstimmen Fehler fand, ist schon erwähnt worden. Die Künstler gerieten vom ersten Augenblick an in den Bannkreis schon des großen Namens. Er konnte alles verlangen — und er blieb seiner Unerbittlichkeit, der Weihe des Hauses nichts schuldig. Ein sehr bekannter Sänger erzählte, wie er zum ersten Male zu Toscanini bestellt wurde, um seine Partie durchzugehen. Nicht ohne Zagen begann er. Er sang, sang — und der Maestro sagte nichts. Auch als er zu Ende war, hörte er nur die gemurmelten Worte „Bella voce" — und war entlassen. Aber er mußte am nächsten Tag wieder kommen: und da gab ihm ein unbeirrbarer Meister jede Stelle an, die nicht „saß", jede kleinste Schwankung von gestern. Bei der dritten Probe war so gut wie alles ausgebessert. „Benissime", sagte Toscanini, „Sie geben acht" — und machte die ganze Zeit über nie wieder eine weitere Bemerkung. Toscanini wirft bei Proben die verschiedensten Sprachen durcheinander, erklärt sich bald italienisch, bald englisch, bald auch deutsch, alles das oft in einem einzigen Satz. Man versteht ihn in jedem Fall. Er ist, soviel kann gesagt werden, auch des Deutschen in einem Maß mächtig, daß er den *Faust* lesen, wiederlesen und zitieren kann.

Die Werke, die er in Bayreuth diesmal ausdeuten sollte, waren *Tannhäuser* und *Tristan*. Zu vernachlässigen war im *Tannhäuser* manche Ungleichheit der einander bekriegenden Sänger und manche Seltsamkeit der Bühne. Das breit strömende Melos dieser Musik entschied, von Toscanini nun gewißlich dem Betrieb, der von Wagner verdammten Routine der Oper, des Alltags entrissen. Jenes romanische Element etwa der Ensembles war stärker, deutlicher betont als sonst — aber war das nicht eben der Wagner der Entstehungszeit, ein Künstler, den die lateinische Kultur zeitlebens oft überflutete, der Dresdner Kapellmeister, der noch wenige Jahre vorher in ein Preislied auf Bellini und die italienische Melodie ausgebrochen war? Es befremdete, daß Toscanini in Bayreuth, schon im Vorspiel, die Hymne Tannhäusers an die Venus in unglaubhafter Breite ausschwingen ließ, dafür dann allerdings ein Venusbergtreiben entfesselte, wie es weit eher dem in Bayreuth rezipierten Pariser *Tannhäuser* als dem thüringischen Hörselberg entsprechen mochte, vielleicht Botschaft aus der italienischen Zaubergegend von Norcia. Aber das Geheimnis war eben, daß alles, jede verborgenste Orchesterstimme sang, daß jeglicher Klang des Werkes wie wohl noch niemals zum Klingen kam und dies alles im Geist des genialen Menschen da drunten im verborgenen Raum geschah, der wiederum dem großen Genius dieses Theaters an seiner eigensten Stätte ein vom Theater geschändetes Werk rein und flammend zurückgab. Überwältigend wie diese Wiedergabe war ihr Nachhall: die Hörerschaft außer sich, die kritischen Berichte der Weltpresse ein einziger Schrei des Entzückens.

Sollte man nicht aus dem Unsichtbaren in das Sichtbare dieser Leistung zu gelangen suchen? Nach dem in seiner Intensität wohl beispiellosen ersten Akt des *Tristan* nahm uns einer der besten Musikerköpfe der Epoche, der unvergessene Walter Schrenk, in den Orchesterraum mit. Wir saßen in eine Ecke gedrückt — fast über uns, viele Stufen höher, schien Toscanini zu schweben. Wir sahen die Bühne nicht, nur ihn, die Arme, die Hände, sein Gesicht. Wer könnte in Worte fassen, was sich da spiegelte? Flammen schlugen empor, seine Bewegungen, die Gesten allein, waren die eines Blitze schleudernden Gottes — unwillkürlich kam einem der homerische Vers in den Sinn: $\mu\varepsilon\gamma\alpha\nu\ \delta'\varepsilon\lambda\varepsilon\lambda\iota\xi\varepsilon\nu\ O\lambda\nu\mu\pi\text{o}\nu$. Nur — Schrenk und andere Kritiker blieben unten, ich vermochte es nicht. Die Erschütterung, die Gefahr dieser Nähe war zu groß.

Es war trotzdem nicht nur das Erlebnis Toscanini, was uns in diesen Bayreuther Sommertagen von 1930 das Herz bewegte, sondern auch Teilnahme an dem Schicksal Siegfried Wagners. Seit Wochen ruhte und irrte er zwischen Leben und Tod — sein tragisches Geschick verhängte auch noch das Leiden über ihn, daß er sich an der „Renaissance" dieses Jahres nicht mehr freuen durfte. Am 4. August ging er hinüber. Die Spiele von Bayreuth sollten nicht abgesagt werden. Toscanini verpflichtete sich der neuen Herrin, der schönen, klugen, hochgeistigen Frau Winifred. 1931 kam er also wieder, gab den *Tristan* an Furtwängler ab, der mit dem Intendanten Tietjen gemeinsam die künstlerische Beratung übernommen hatte, und dirigierte abermals die Aufführungen des *Tannhäuser* und, neu, des *Parsifal*. Dieses Testament Richard Wagners, vom Meister selber zu allererst noch Hermann Levi anvertraut, war seit langem ein Reservat Carl Mucks, eines der ältesten Getreuen der Spiele. Der wollte aber der Last seiner Jahre nicht mehr so große Arbeit zumuten. So leitete Toscanini nun den *Parsifal*, den er übrigens schon an der Scala geboten hatte. Mit einer fast hieratischen Feierlichkeit erstand das Bühnen-Weihefestspiel, Toscanini wich von der Linie des „absoluten" Adagio nicht ab und erleuchtete die Partitur mit dem mystischen Licht der gotischen Dome Italiens — unbeschreibliche Mischung von Dämmer und Farbe. Immer wieder mußte man daran denken, daß die Traumzelle dieses Gralstempels in Siena zu suchen ist. Der romanische Zauber des Klangs trug also nichts Fremdes in diese Musik hinein, er löste nur, einmal mehr, aus ihr, was der Meister dieser unirdischen Töne gedacht hatte — vielleicht ehe er es niederschrieb.

Es kam das Jahr der gewohnten Festspielpause — zwei Jahre Spiel, eines Vorbereitung — und 1933 sollte Toscanini wiederkehren. Die Krönung seiner Lebensarbeit winkte: die *Meistersinger* in Bayreuth. Was mag es Toscanini gekostet haben, darauf zu verzichten! Er tat es doch — wegen der neuen politischen Gestaltungen, die andere Dirigenten von Deutschland fernhielten, Menschen, die ihm als Kameraden galten. Das wurde in Bayreuth gewürdigt. In einem Brief nach der Absage des Mannes, der nicht anders sein kann als er ist, standen die Worte, die das Motto seines Lebens sein könnten: „ardo o agghiaccio, non conosco tepore" — ich brenne oder erstarre zu Eis, Lauheit kenne ich nicht. Es ist der gemiedene Vorwurf der Schrift: „Daß du doch kalt oder warm gewesen wärest! Aber weil du lau warst, habe ich dich verworfen."

Toscanini war und ist unbeirrbar und, sobald es zu einer Entscheidung kommt, unerbittlich. Von Jugend an. Als ganz kleiner Kapellmeister einer kleinen Stadt verlangt er eine Probe mehr; sie wird nicht bewilligt. „Dann fahre ich wieder nach Hause!" Spricht es und läuft zum Bahnhof. Aber zum Fahren gehört Geld und er hat nun einmal gar keines. Schon schickt er sich an, den Weg zu Fuß zurückzulegen, wozu er drei Tage gebraucht hätte, da holt man ihn ein. Er bekommt die Probe.

In seiner Gegenwart bewundert jemand die *Norma* von Bellini. „Habt ihr denn dieses Werk gehört?" fragt er. „Ich habe es nie recht gehört. Ich habe es einmal aufführen wollen. Aber da gibt es eine Stelle, die ich nicht herausgebracht habe, so oft ich es versuchte. Da mußte ich die *Norma* wieder absetzen..."

Was bleibt einem solchen Künstler und Menschen übrig als Konzerte, in denen er allein zu entscheiden hat, bei denen alles von ihm abhängt, und, vielleicht noch, da und dort, die festlichen Ausnahmen? Für die Konzerte ist New York da. Er hilft auch, 1932, im Juni, bei der Feier für Debussy, dem man in Frankreich sein Denkmal gesetzt hat; in dem Reigen der Künstlerhuldigungen dirigiert er *La mer*. In Amerika bringt jedes Auftreten, jede Reise in andere Städte ihren Triumph. Er ist das Maß, das höchste erreichbare, aller Interpretation; das ist bis auf den heutigen Tag so geblieben. Man hat ausgerechnet, daß er, allein bis zum Ende der Spielzeit 1930/31, in 737 Aufführungen 165 Werke dirigiert hat, darunter 76 deutsche und österreichische, 38 italienische, 32 französische. Im November 1932 leitet er eine Aufführung der *Siebenten Symphonie* von Bruckner. Das ist für ihn neues Land. Aber warum sollte es sich einem Toscanini nicht erschließen? Die amerikanische Bruckner Society schenkt ihm ihre Medaille. Zwischen Sechzig und Siebzig vergrößert sich der Kreis dieses Erkennens und Gestaltens. Welche Künstler und Werke wird er noch umfassen?

XVIII. *Wien und Salzburg*

ZU DEN Ländern, die seine Kunst erobert hatte, kamen 1933 noch die skandinavischen: Schweden, Dänemark. Toscanini kam dorthin aus Österreich. Er hatte in Wien dirigiert — diesmal die Wiener Philharmoniker.

Das Orchester hatte sich ihn längst gewünscht. Man sah immerhin den Proben mit einiger Sorge entgegen. Das Engagement des Maestro — ein Meisterstück des philharmonischen Präsidenten Burghauser... Aber würde er nicht allzuviel Proben verlangen? Nicht sein Temperament schalten, also rasen lassen? Vielleicht gar über allzu individuelles Spiel in Wut geraten?

Nichts von alledem geschah. Toscanini hatte die Qualitäten des Orchesters erkannt und ließ es nur so gewähren. Aber noch etwas anderes, und dies vor allem: der Denker und scharfe Kritiker Toscanini, der so genau und, wenn es sein muß, nüchtern seine Kunstmittel prüft, wird zutiefst von jener Ehrfurcht geleitet, die von den Anhängern alter Weisheitslehren als Voraussetzung jeder Einweihung angesehen wird. Mit solcher Ehrfurcht kam Toscanini nach Bayreuth und die Ehrfurcht vor dem Genius der Musikstadt Wien, der Stätte der großen Meister, besiegelte in Wien seine Liebe zu dem Orchester der herrlichen Tradition. Es war das Orchester eines berühmten Klangs — und Toscanini, Fanatiker des Klangs, wurde eins mit solchen Musikern. Was aber die Proben anging, so beschloß das Orchester, ihm so viel und von solcher Ausdehnung zu bewilligen, wie er irgend fordern konnte. Es ergab sich, daß er immer wieder sagte: „Das müssen wir nicht wiederholen, ich bin zufrieden!" Man hatte es nicht zu erträumen gewagt.

Die zwei Programme brachten Klassisches und reichten bis zu Debussy. Eine Offenbarung wurde diesmal und bei den folgenden österreichischen Konzerten die Brahms-Wiedergabe: *Haydn-Variationen*, später *Zweite* und *Vierte Symphonie*. Zwar, die Fanatiker des Verkniffenen wurden ernstlich böse: alle diese Werke, selbst die *Tragische Symphonie*, verloren ihre Härte, ihren spröden Klang, alles, was einen Nietzsche dahingeführt haben mochte, von Melancholie des Unvermögens zu sprechen. Es war, ohne Frage, ein südlicher Brahms, der hier wie ein Phönix aufstieg — man hatte seinesgleichen noch nicht gekannt. Die süßesten Farben begannen wie aus italienischer Mondnacht zu erblühen, überall sang und klang es und dabei war nichts geändert, nichts hinzugefügt, nichts abgeschliffen. Was also geschehen war, wußte man nicht — vielleicht noch nie hat sich die magische Gabe des Bezwingers und Bezauberers so deutlich wahrnehmen lassen: wie er selbst als Lateiner das Nordische sah, so erwuchs es zuletzt, aber von seinem Wesen, seiner Macht berührt, umgestaltet.

Diese zwei Konzerte im Herbst 1933 schlangen das Band fester, das den Mann in größerer Altersmilde an das nord-südliche und west-östliche Land Österreich knüpfte. Was man nicht erhofft hatte, traf ein: Toscanini erschien im nächsten Sommer 1934 in Salzburg zunächst als Konzertdirigent, abermals mit dem Wiener Philharmonischen Orchester und mit einer Helferin von besonderer Lieblichkeit und Größe, der Sängerin Lotte Lehmann. Es kam zu einem bald darauf in Wien wiederholten Wagner-Abend, bei dem drei von den fünf Gedichten Erlebnis wurden — allerdings wurde auch wieder die Frage der Wagner-Fragmente im Konzertsaal erörtert; aber nicht eben heftig, denn alles war außer sich über die Einmaligkeit der Rheinfahrt, des Trauermarsches. Ja noch an einem so gern übersehenen

Stück wie es das Vorspiel zum dritten Akt *Lohengrin* ist, zeigte Toscanini die sich aufbäumende Tragik alles Liebesgeschehens, den schicksalhaften Gegensatz der Geschlechter wie mit plastischer Dämonie auf. Weitere Kontraste dieser Konzerte waren das Scherzo *Queen Mab*, in dem sich, diesmal besonders deutlich, das Melos des Orchesters in Naturlaute von Wald, Nacht, Elfenwelt auflöste — und dagegen die Suite von Bach, die alles Musikgeschehen zu den reinsten, klarsten Linien gotischer Demut formte. Der Ostinato-Charakter, in den sich Bachs Meditieren oft so prägnant zusammendrängt, wird in der Interpretation durch die Unerbittlichkeit des Toscaninischen Elans verstärkt. Eine weltbürgerliche Hörerschaft wurde dessen mit aller Deutlichkeit inne. Denn dieser Mann macht seine Zuhörer hellhörig — und wohl auch hellseherisch.

Wie an der Scala, an der Metropolitan, so hat Toscanini ganz besonders in Salzburg und Wien wieder jene Weltstadt-Hörerschaft zu seinen Füßen, die seiner Kunst angemessen ist und nach der solche Kunst verlangt. Hofmannsthal, ein erlesenes Werkzeug der Salzburger Idee, hat diese Stätte universeller Festspiele in einem herrlichen Manifest als den Brennpunkt europäisch-amerikanischer Kunstsehnsucht erkannt und geschildert. Eine ihrer Erfüllungen ist seit diesem Sommer 1934 Toscanini und man möchte sich ihn aus dem Gesamtbild der Kunstereignisse in den Festspiel-Sommern nie mehr wegdenken müssen, die Salzburg zu einem Symbol des Glaubens an ewigen Menschenbesitz erhöhen.

*

In Wien folgt dem Salzburger Spätsommer von 1934 — was für ein Epilog auf die politischen Schrecknisse des Juli! — ein früher Herbst mit mehr Toscanini-Konzerten als sich erhoffen ließ. Das letzte, größte, würdigste: das *Requiem* der Bundestheater für den ermordeten Kanzler. In einem schönen Akt der Huldigung vertraut die Regierung, ohne sich um allerhand Einflüsterungen zu kümmern, dieses Bekenntnis ihrer Pietät Toscanini an und er wählt die große Totenmesse, die Verdi einst für Manzoni geschrieben hat. Anlaß und Wiedergabe steigern ihre Macht und Eindringlichkeit. Nur eines trübt die Erinnerung an ein unvergleichliches Datum der Musikerlebnisse: wie würde man darnach das vielaufgeführte Werk in seinem Alltag ertragen können? Aber widervernünftig wäre der Enthusiast ohne schlechtes Gedächtnis, ohne die Fähigkeit, sich an ein Idealbild des Werkes zu halten und in die leidige Gewohnheit flüchten zu können!

*

XIX. Gestalt, Mensch, Idee

WIR SIND der reifenden Größe eines Meisters durch sein Leben gefolgt, so gut es Quellen und Erinnerungen, leider nur zum Teil auch eigene, erlaubten — und sind so bis in die unmittelbarste Gegenwart gelangt. Noch einmal lassen wir unser Auge auf dem Manne ruhen, der uns da begegnen wird. Zunächst fesselt die Eleganz der Erscheinung. Er sieht heute aus wie der Senator oder hohe Diplomat eines lateinischen Landes, man würde ihm ohne weiteres den Exzellenztitel geben, wenn man ihm in einem Salon begegnete und nicht wüßte, wer das ist; aber das scheint freilich kaum denkbar, denn auch sein Bild genießt Weltpopularität. Vornehm ist selbst die Attitude des Künstlers, der sich erholt, mit den Enkelkindern spielt, dem lieben Hund schmeichelt, sich in einer Ferienlandschaft ergeht. Das ist seine Villa auf der Insel San Giovanni, einer der Borromäischen, nahe dem jetzt in der Politik vielgenannten Stresa. Ein schlanker, nicht allzu großer und keineswegs mächtiger, aber in jeder Faser energischer Körper, der selbst den bis zur Erschöpfung führenden Anstrengungen trotzt. Leicht angegrauter Kopf — und der ist nun, wie man auf den ersten Blick sieht, der Kunst verfallen. Nach ein paar Worten des Gesprächs weiß man, und das erst recht: Bestimmtheit, Wille, Unbeugsamkeit, Dämonie. Da werden ihm seine eigenen Schallplatten vorgespielt. Bald ist er glücklich über erreichte Vollkommenheit — aber selten, meist verfinstert sich sein Wesen, wenn etwas nicht die Gestalt angenommen hat, die er sich träumte und mit dem lebendigen, nicht fixierten Orchester auch ganz gewiß irgend einmal erreicht hätte. Darum verwünscht er mit einem Male die Platte: es können nur kleine Bruchstücke jeweils vollkommen gelingen — sie immer von neuem so lange zu wiederholen ist unmöglich, es verlangt zu viel Nervenkraft. Also wird Unvollkommenes festgehalten und das ist doch ganz besonders schlimm! Es gibt auch keine „neuesten" Toscanini-Platten, aber es gibt zum Glück die älteren. Nun höre man da die beiden Vorspiele zur *Traviata*, die Symphonie von Haydn, die Ouvertüre zum *Barbier*, Notturno und Scherzo aus dem *Sommernachtstraum* — es ist das wunderbare amerikanische Orchester mit seinen Virtuosen (achten Sie auf die Bläser!), mit den prachtvollen Instrumenten, nach ungezählten Proben... Ist es nicht schön, daß uns dies alles und manches andere von aller Vergänglichkeit nach menschlichem Ermessen befreit — von dem Fluch, der jeder Interpretation anhaftet: daß sie mit dem Tag, der Konstellation, einem irdischen Leben vergeht, mit den letzten ekstatischen Zeugen in das Meer des

Vergessens sinkt. Nie mehr kann Toscanini der Nachwelt nur eine Sage werden — er ist da, auch den Sinnen gegenwärtig, das Non omnis moriar hat eine neue Bedeutung....

*

Er ist, wie könnte es anders sein, ein in jedem Sinn ungewöhnlicher Mensch. Ein „gewöhnlicher" allerdings in dem Menschlich-Schönsten: wenn er mit den Seinen zusammenkommt. Er ist seit 1897 mit Carla de Martini verheiratet, die einmal, in einem reizenden amerikanischen Interview, einer nichtgesuchten Öffentlichkeit erklärt hat, daß sie nichts anderes sei und sein wolle als die Frau dieses Mannes. Die drei Kinder der Ehe sind: Walter, verheiratet mit Cia Fornaroli, Wanda, verheiratet mit dem Pianisten Wladimir Horowitz, und Wally, verheiratete Contessa Castelbarco.

Für die meisten trägt er die Maske des Berufs. Es ist mehr als eine Maske. Sein Leben in der Kunst läßt ihm selber nicht die Zeit, auf die Stimmen seines Inneren zu horchen. Sie sprechen trotzdem. Wenn sie zu den wenigen Freunden sprechen, hören sie mit einem Male, wie nahe diese Seele, dieses Herz den Regionen der großen Meister lebt, nicht nur ihren Werken, sondern auch den Seelen, aus denen solche Werke kamen. Da gibt es etwa einmal eine flüchtige Bemerkung über die Einsamkeit des „heiteren" Mozart; die Frage, warum dieser oder jener von den Freunden über Nächstes und Fernstes so selten, so gar nicht spricht — dabei hätten selbst diese Nahen nie zu sprechen gewagt, seine Größe, eine vermeinte Unnahbarkeit bedenkend. Erinnern wir uns an das „Pathos der Distanz", das für Nietzsche maßgebend ist im Verkehr mit den Geistern einer vergangenen Zeit, den noch unter uns weilenden Genien gesegneter Gegenwart: so trifft, wie auf selten einen, eben auf Toscanini die Demut in der Liebe zu, jene umiltà, von der die Freunde schwärmen. Er weiß sich den Meistern verbunden — sie, sie nun freilich sprechen zu ihm und das muß die Menschen seines Umgangs manchmal ergänzen, manchmal ersetzen...

Ojetti, der besondere Kritiker und Anreger in Florenz, einer der feinsten und einflußreichsten Förderer in dem reichbewegten Italien von heute, schildert einmal den Meister in Gesellschaft. Man weiß, daß er dann oft kein Bedürfnis nach Schlaf kennt, und dieselbe Sehnsucht nach Menschen und ihrem Wort bei anderen voraussetzt; bei seinen Schiffsreisen zum Beispiel hält er die Gefährten oft bis gegen Morgen hin wach und weckt sie schon ganz wenige Stunden nachher zu erneutem Gespräch. Toscanini steht selbst unter geselligen Menschen gern aufrecht wie sonst am Pult, steht, als dürfte er sich auch da keine Rast gönnen. Oft ist, besonders nach den großen Abenden, der Gedanke dieser anderen, daß sie einen Mann umgeben, der, ein Wunder in seiner Art, dazu bestimmt sein könnte, mit dem Besten, was er gegeben hat, dem Besten, was Interpretation überhaupt vermag, bloß Legende zu werden — wenn eben die Platten nicht wären. Werden drüben in Amerika wieder solche Platten angefertigt werden? „Sprecht mir nicht von Platten! Das ist ein Martyrium. Man arbeitet sich müde daran, es scheint alles gut gegangen zu sein — dann schickt man einem die Matrizen und man möchte sich die Haare ausraufen. Geld? Was soll man damit? Soll ich müßig leben? Nichts tun? Meine Bilder, meint Ihr? Ich habe da auf einer Auktion ein schönes gekauft, herrliche Farben, und welcher Gegenstand! Hätte ich es mir versagen sollen? Meine Frau (laßt mich das nur sagen, es ist so) hat mir die Ausgabe vorgehalten und sich schriftlich versprechen lassen, daß ich also wieder zwei Platten machen werde. Ist das vielleicht nicht wahr? Nun also. Ich habe drei Passionen: Bilder, Briefe von Leopardi, Briefe von Mozart. Verdi? Das Blatt mit den Abschiedsworten des Meisters an seinen Falstaff führe ich immer mit mir..."

Toscanini lacht und das so manchmal düstere, fast sichtbar von seiner Dämonie zerwühlte Gesicht wird kindlich-liebenswürdig, offen, heiter. Da und dort eine Frauenstimme: es ist spät; es ist früh; es ist vier Uhr... „Scheint es Euch zu viel? Die Nacht ist doch schöner als der Tag, der allen gehört." „Aber um zwölf Uhr der Empfang im Palazzo Vecchio!" — „Um zwölf: das sind doch noch acht Stunden!.."

Er hat in diesem reizvoll nachgeschriebenen Gespräch der *Cose viste* nicht nur von Platten, Bildern, Menschen, Geld erzählt. Einer hat bemerkt, wie in dem Konzert unmittelbar vor diesem Beisammensein das Horn im Scherzo des *Sommernachtstraums* kein Zeichen bekommen hat, damit es nach Einfall und Gutdünken schalten könne: Herrschaft, ihrer selbst so sicher, daß sie den einzelnen Künstler im Orchester zu gelöster Freiheit übergehen läßt. Aber das ist symbolisch. Der Demut entspricht das scharfe Überdenken dessen, was als Wille der Meister in den Partituren enthalten ist — und was nur überliefert wird. Verbessert man sie? Nein, wenn es wirklich der Wille eines Beethoven, Wagner, Verdi ist, als solcher erkennbar und erkannt, und es „kommt nicht heraus", so bin ich, Toscanini, schuld — und dann muß ich versuchen, es noch einmal und so oft auszudeuten, daß kein Rest bleibt. Wenn aber nun, wie gerade bei Metronom-Angaben, ein Irrtum entstanden sein muß, möge er auch auf den Meister zurückgehen — sollte man da nicht gerade den Meistern schuldig sein, den Irrtum aufzuklären? Wenn Beethoven seine Werke hervorschleudert, ist er Beethoven; wenn er sie mit dem Metronom nachzumessen versucht, ist er vielleicht ein Dilettant der Technik. Das einzusehen ist keine Verletzung der Ehrfurcht, kein Vergehen gegen die dem Interpreten auferlegte Demut. Also, zum Beispiel, letzter Satz der *Vierten Symphonie* von Beethoven: in dem angegebenen Zeitmaß unspielbar, wenn nicht für die Streicher, so gewiß für die Fagotte. Erster Satz der *Pastorale*, die zu schnell metronomisiert ist und so gar nicht pastoral klingen kann. Auch in der D-Dur-Stelle im Scherzo der *Neunten Symphonie* kann man sich nicht an die Zeitangaben der Partitur halten. Bei Bruckner wird man sogar an kleine Instrumentationsretuschen zu denken haben. Toscanini bringt einmal in der *Siebenten Symphonie* eine an, von der er nachträglich erfährt, daß sie schon Loewe angeraten hat. Einer seiner italienischen Weggefährten, die doch die größere Nähe und den Zeitgewinn dieses Lebens für sich haben, merkt sehr deutlich die kontrastierenden, dabei komplementären Elemente der Ehrfurcht und der Demut: Toscanini macht die Meister, die er uns erstehen läßt, zu Zeitgenossen. Er verkehrt mit ihnen, als hörten sie selber zu, sagten ihm ihre geheimsten Gedanken, stiegen von ihren Postamenten herab. Man braucht kein Postament und keine Legende, Distanz zu halten und um Rangordnungen zu wissen; aber man muß eigenes Leben zu spenden haben und ein reiches obendrein, sonst bleiben selbst die größten Schatten nur Schatten. Hier aber, in dieser Wiedergabe, wird offenbar, daß das wahrhaft Große allen Zeiten gehört, daß die Meister einander über Jahrhunderte hinweg, daß sie auch uns die Hände geben —

„... über Zeit und Zeiten schwingt sich ein Reigen von großen Gedanken um und um."

Er verkehrt mit ihnen, auch wenn er ihre Werke nicht zu interpretieren, wenn er sie nur als Leser zu genießen hat. Dante, Goethe, Shakespeare, Shelley sind seine Gefährten im Unsichtbaren. Um Shelley und Shakespeare in der Ursprache lesen zu können, hat er ohne Anleitung Englisch gelernt. Aus solchem Verkehr ist ihm die Klarheit, die Erkenntnis des Wesentlichen geworden, die wohl das Urelement seines eigensten Künstlerwesens ist, die Gewißheit des Ziels und die fast unfehlbare Wahl der Wege und Mittel.

Noch einmal verweilen wir in der Erinnerung bei seinen Proben, zu denen sich Musiker und andere Künstler, geistige Menschen drängen, nicht um einer Sensation zu frönen, sondern weil einen da der Geist des Handwerks, aber auch der Genius der Meister und eines Jahrhunderte ableuchtenden Interpreten wie ein Sturmwind anweht.

Einen Unterschied zwischen Proben und Aufführungen gibt es nicht; zum mindesten nicht im Kräfteverbrauch des Dirigenten, aber auch nicht in dem, was er von seinem Orchester verlangt. Nichts darf markiert, nichts gewohnheitsmäßig gespielt werden. Er unterbricht nicht gern. Wenn es mit seinen zwei, drei Schlägen geschieht, so gibt er gleich den Grund an. Seine Worte sind dann deutlich, sachlich und plastisch, aber oft leidenschaftlich. Niemals oder doch selten umschreibt oder kommentiert er die Stelle, wohl aber gibt er ihre technischen Möglichkeiten und Erfordernisse an, Bogenstrich, Akzente, die Hilfen, die nötig sind. Aus einem oft verbissenen, dann wieder ekstatisch durchbrochenen Schweigen dringt selbst in dieser Ekstase keine Silbe zuviel, kaum ein Ausruf, der nicht auf eine wunde oder noch dunkle Stelle hinwiese. Genug — wenn seine Aufführungen ein Wunder sind, so sind die Proben dazu ein zweites und nicht geringeres. In Salzburg hat Bruno Walter keine einzige dieser Manifestationen versäumt.

XX. Triumph in conspectu mundi: Salzburg 1935

NACH EINEM amerikanischen Winter kommt es im alten Europa zu einer weiteren Manifestation absolutester Vollkommenheit, einem Erlebnis einzigster Art für die im Sommer 1935 aus aller Welt besonders zahlreich herbeiströmenden Salzburger Festgäste. Nicht zu überbietender Triumph! Vor allem: Toscanini dirigiert wieder Opern! Seit 1929 hat er kein Theater mehr betreten, es wäre denn das Festspielhaus von Bayreuth in den Jahren 1930 und 1931 und einmal die Wiener Staatsoper: sie aber nur, um da — wir haben es gehört — im Herbst 1934 aus einem besonderen Anlaß das *Requiem* von Verdi zu dirigieren. Und nun in diesem Salzburger Festspielsommer von 1935 viermal *Falstaff*, viermal *Fidelio*; beides auf seinen eigensten Wunsch, seiner persönlichsten Anregung gehorsam. Hat ihn die Bühne wieder? Oder will er betonen, daß ihm Salzburg, die Festspielstadt neben Bayreuth, nunmehr die einzige ist?

Er, wie diese ganze nichtdeutsche Welt, bekennt sich zu der deutschen Festspielstadt außerhalb Deutschlands, zu der Salzburger Idee einer weltumspannenden Gesinnung, somit zu dem idealen Österreich, dessen letzter großer Verkünder Hofmannsthal war: einem Österreich über den Zeiten und den Völkern. Dieser Triumph von 1935 war denn auch nicht etwa eine Sache des Fremdenverkehrs — sondern ureigenste Angelegenheit des Geistes, eines heute verbannten, verlästerten, totgesagten Geistes der Humanität. Ihm hat Toscanini gehuldigt, für ihn musiziert.

Er hat in Salzburg auch zwei Konzerte dirigiert (und eines noch besonders für die Sender in U. S. A.). Man hörte abermals die Ouverture *Scala di seta* von Rossini, deren elysische Heiterkeit unter dieser Führung ihre eigene Ekstase erreicht. Man fand, wie das Gegenbild in einem Zauberspiegel, neben diesem Rossini das *Siegfried-Idyll*. Toscanini weiß, daß es bei seiner ersten Aufführung eine Serenade Wagners war, der Frau dargebracht, die ihm in schweizerischer Abgeschiedenheit und Weltflucht eben den Sohn geboren hatte — einen Sohn, den der Vater beziehungsvoll dem Werk gleichsetzte, wie er es nun erst recht der Welt schenken wollte. Gerade diese Beziehungen entschleierten sich bei der Salzburger Wiedergabe wie noch nie. Die feinsten Fäden von einem idyllischen Stück zu dem großen Werk im Hintergrund lagen bloß, Stimmen und Gegenstimmen wurden gehört, das Ganze aber war keineswegs zerfasert, sondern vielmehr zu noch höherer Einheit zaubervoll zusammengefaßt.

Außerdem dirigierte Toscanini in Programmen, die von Debussy zu dem Verdi der *Vespri Siciliani* führten, zu der Ouverture, in der Theaterwirkung, großartigster „effetto" alles niederzuschlagen schien, dirigierte der Maestro ein Stück Mendelssohns abermals nicht ohne demonstrative Geste. Dirigierte die sogenannte *Reformations-Symphonie*, in der der Komponist, von Jugend an gläubiger Protestant, die Kämpfe der Reformation musikalisch darstellt bis zu dem Sieg im Geist des Luther-Liedes „Ein' feste Burg ist unser Gott". Abseits von jeder Demonstration ist allerdings Toscanini seit seiner Konservatoriumszeit ein Freund und Verehrer von Mendelssohns Musik gewesen: das Oktett gilt ihm noch heute — und mit Recht — als eines der besten Werke jener klassizistischen Zeit. In dem Scherzo der (ungleichartigen) *Reformations-Symphonie* fand Toscanini in Salzburg ein Stück, aus dem er Wirkungen des *Sommernachtstraums* hervorholen konnte. Das etwas hölzerne Finale verzauberte er wie er Brahms verzaubert hat, dessen Symphonien und Haydn-Variationen man immer nur noch von ihm interpretiert hören möchte, in südliches Licht gehüllt, über alle nordische Schwerfälligkeit und sinnlose Melancholie ein für allemal emporgehoben.

Einen Extrakt dieser Programme, denen im Radio Millionen lauschten, dirigierte Toscanini dann noch einmal gesondert für die amerikanischen Sender. Als das bekannt wurde, kamen die Bitten um Zulassung in das Salzburger Studio so zahlreich, daß man sich entschloß, nicht wie sonst bloß Gäste einzuladen, sondern auch Sitze im Saal zu wohltätigem Zweck zu verkaufen. Vor einem solcherart gewonnenen Auditorium konzertierte Toscanini mit dem ihm längst blind ergebenen Wiener Philharmonischen Orchester: Ouverture

Scala di seta, *Reformations-Symphonie*, *Siegfried-Idyll* — friedlich standen in diesem Zeichen eines Magiers Mendelssohn und Wagner nebeneinander.

Da lauschten also ein paar hundert Menschen in dem nicht allzu großen Raum in Salzburg, der Ansager sprach ein paar Worte über den Ozean hinüber, und von drüben wurde ihm gleich geantwortet, daß man ausgezeichnet verstehe; es war Sonntag, den 25. August, vier Uhr nachmittags nach europäischer Zeit. Eine Stunde lang wurde in Salzburg gespielt, in Amerika gehört: Wunder der Technik, dem die Musik, diesmal ein ebenso großes Wunder als Gegengabe zu bieten hatte — die Kunst, das Wesen eines Toscanini.

Millionen in mindestens zwei Weltteilen hörten aber auch — erst recht — die von ihm geleiteten Opern, deren unmittelbares, auch visuelles Erlebnis freilich nur den Salzburger Festgästen zugute kommen konnte. Da war *Falstaff*. Aber wie beschreibt man ein Erlebnis, das nicht mehr dem Theater, sondern eben dem Reich des Wunders angehört? Soll man sagen, daß diese sublimierteste Kunst des Genius Verdi — sie hat keine Nachfolge und kaum Nachahmer gehabt — hier zu noch weiterer Sublimierung kam? Es ist vielleicht die einzig mögliche Formel. Eine beispiellose Genauigkeit, selbstverständliche Präzision hatte jede Erinnerung an Zufälle des Opernspiels ausgelöscht. Alle diese Menschen auf der Bühne schienen zu schweben und mit solcher Lustspielgrazie, in so selbstverständlichüberirdischer Heiterkeit, daß nun wirklich kein Erdenrest mehr blieb, kein bißchen alte Oper, wohl aber ein Stück uralte Komödie, die *Commedia dell'arte*, zu der gerade diese zeitlose Interpretation wieder zurückfand. Musikalisch war das Vollkommenste dieser Vollkommenheit in den Ensembles erreicht. Mit ihren Schwierigkeiten schien alles und vor allem Toscanini nur zu spielen, und wenn er nun zur Schlußfuge ausholte, jener himmlischen Formparodie der Einsicht, daß alles auf Erden Irrung und Wirrung sei, glaubte man sich von jeglicher Materie eines Theaters losgelöst, befreit. Man kam, wenn es irgend möglich war, wieder, versuchte das Wunder zum zweiten- und zum drittenmal — es blieb gleich, es wiederholte sich, und war doch einzig, wenigstens in der Art, daß uns allen, die wir es erlebten, noch niemals Ähnliches begegnet war.

Immerhin, diesen *Falstaff* hatten wir in Italien, in Wien, 1926 auch in Busseto, der Verdi-Stadt gehört, und wenn uns auch seine unbegreifliche Vollkommenheit mit den Jahren immer nur deutlicher bewußt geworden war — sie schien uns gegeben, ein gleichsam historischer Besitz. Neu aber war uns, die wir die Mailänder Beethoven-Feier von 1927 nicht miterlebt hatten, der *Fidelio*. Zeigte sich da nicht, um vor allem davon zu sprechen, das unsäglich Törichte der Irrmeinung, als ob kein Lateiner in den angeblich nur deutschen Bezirk dieses (in Wahrheit einer ganzen Menschheit angehörenden) Werkes eingehen könnte? War dies nicht echterer Beethoven als die kalte Feierlichkeit kleiner Geister bei uns im Norden? Nicht die Erhabenheit dieses Großen selbst — weil eben ein anderer, ganz Großer sich an das einzige Werk hier völlig hingab? Wenn Beethoven einst gesagt hatte, daß der Geist zu ihm spreche und er dem Geist lausche: hatte nicht Toscanini des gleichen Geistes Hauch verspürt?

Fidelio ist so recht die Oper des Humanismus einer heute abgestorbenen Epoche — wer könnte noch ernstlich mit dem Minister des Schlußbildes sagen: „Es sucht der Bruder seine Brüder — und kann er helfen, hilft er gern"... Aber genau in dem Geist und Sinn solcher Humanistik waltet Toscanini über dem *Fidelio*. Ja, er schwebt über dem Werk — mit dem Wort Dirigieren oder Leiten ist sein Amt, seine Leistung nicht bezeichnet. Hier ereignet sich mehr als bloß vollkommenste Musik- oder auch Bühnendeutung: da hat der Genius der Menschheit seine Stunde, hat ein Wort an uns frei; nicht oft geschieht das. Wir müssen nur hinhören.

Doch sei zuerst dem Musiker angedeutet, wie sich das zutrug. Gleich nach den ersten Takten der „heiteren" und „leichten" Ouverture in E (Fidelio-Ouverture) war man im Bild: man wußte, daß alle Spielseligkeit dieser Musik nur im Vordergrund ablief — schon bereitete sich das Drama vor. Es ist Toscaninis Art, gerade durch die Unerbittlichkeit eines einmal angeschlagenen Rhythmus und über sie hinweg neue Steigerungen zu gewinnen, Spuren entdeckter Linien niemals aufzugeben, alles in einem überschäumenden Fluß zu erhalten. Auf die merkwürdig tragisch gewendete Einleitung der Ouverture folgte das ebenso auffallend zurückgehaltene Allegro, eine Idylle schien sich zu entfalten, wurde aber dann in das Pathos einer grandiosen Steigerung hineingerissen. Vorhang, die Idylle wird nun sichtbar, aber auch hier bricht sofort das tragische Geschehen herein. Schon eine so leichtmütige Stelle wie Jacquinos „Zum Henker das ewige Pochen" bekam durch die summierte Energie der Schläge im Orchester beinahe Schicksalsbedeutung, und eine unmerkliche Tempobeschleunigung ließ geradezu die Instinktlosigkeit der braven Marzelline ahnen, die ja bis zuletzt nicht merkt, daß sie sich in eine Frau verliebt hat. Mit dem Auftreten der Leonore ändert sich jeder Aspekt, die Musik gleitet völlig ins Transzendente. Welche Wirkung der Einleitungstakte zum Kanon, in dem sich die Streicher vom Gesang so bedeutungsvoll abheben! Vergessen ist die Idylle, das Singspiel, alle großen Geschehnisse des Folgenden werfen ihre Schatten voraus, das

Orchester bekommt eine Sprache, die man nie gehört zu haben glaubt, neue Stimmen werden laut, Zusammenhänge deutlich, Farben, Beleuchtungen wechseln. Über den großen Arien des Pizarro, der Leonore schlagen Flammen auf, schon das Rezitativ „Abscheulicher, wo eilst Du hin" bleibt in seiner Einmaligkeit im Ohr, wie eben noch der wahrhaft höllische Ausdruck „Ha, welch' ein Augenblick!". Dem Sänger antwortet eine Wirkung des Orchesters etwa im Sinn des antiken Chors. Alles ist Sprache geworden, die Sprache Beethovens.

Noch sei eines kleinen Zwischenspiels gedacht, des Marsches in B bei geschlossenem Vorhang. Mahler nahm ihn doppelt so rasch, wie um das Rasen des Schicksals anzudeuten; Toscanini erreicht die gleiche Wirkung durch seine eherne Rythmik. Er weiß immer um die letzten Geheimnisse des Ausdrucks. Abschattierungen des Gefangenen-Chors vom Hauch zum Aufschrei, vom Schrei zum Schluchzen zurück...

In der Szene im Gewölbe aber erst gleichsam Kammermusik, man hört jedes Wort, das Orchester flüstert nur dazu, das gewohnte Überhitzen der Florestan-Arie unterbleibt — „ein Engel Leonore" kommt sogar auffallend langsam. Ebenso die verklärte Segnung „Euch werde Lohn". Dafür beispiellose Orchesterakzente gegen Pizarro. Alles folgende Drama, scheinbar mehr Drama als Musik. Aber nun die große Ouvertüre! Sie kann (schon Mahler, und der und jener vor ihm haben es gefühlt), kann nur an dieser Stelle der Oper stehen und muß hier stehen! Spricht solche Musik nicht für sich? Gewiß, aber ihre Sprache wird hier in Urlaut, ins Hymnische gesteigert. Erinnert sei an die synkopierte Dissonanzenstelle, an das elementare Rettungssignal, an den Geigenlauf vor der allerletzten Steigerung. Warum gibt es keine Platte dieser Ouverture (gegen die dann die letzte Szene mit ihren Chören bei solcher Beseelung keineswegs abfällt)? Warum hat niemand diese ganze Oper festzuhalten geholfen gegen eine neidische Zeit, die solche Einmaligkeit nur zerstören und nicht wieder nachschaffen kann?

Es ist mehr als Musik. Was hilft es, in der Partitur verwundert nachzusehen, wo denn nur alles stehen mag, was uns hier aufgegangen ist — und zu finden, daß es dasteht, Note für Note und Zeichen für Zeichen. Derlei mag Musiker, die ein aufgelockertes Herz haben und noch nicht in der eigenen Gottähnlichkeit erstarrt sind, erschüttern, zur Verzweiflung bringen, beseeligen. Aber dieser Kosmos ist nicht für Fachleute da. Auch abseits von dem edelsten Reich der Musik wird der Geist mit der Sprache der eigenen Seele wieder vertraut, vollzieht sich auf den Schwingen des Jubels die Einordnung in sonst nur geahnte Zusammenhänge, in ein Kosmisches — um es mit den

Worten Florestans zu sagen: „ins himmlische Reich". Wenn Musik alle Schleier löst, Fesseln abstreifen hilft, wie noch eben die eines durch Jahre Gefangenen und Gemarterten, so darf der Geist jedes ahnenden Menschen den Traum der Vollkommenheit nachträumen, Geistern wie Beethoven und seinem erhabenen Nachdeuter Toscanini folgend, durch solcher Geister Dasein und Gegenwart beflügelt.

*

Niemand kann sich, wenn er nicht in dem immer so schönen Salzburg anwesend war, auch nur beiläufig vorstellen, wie an solcher Stätte eine solche Offenbarung der Vollkommenheit wirken mußte — einer Vollkommenheit übrigens, an der Lotte Lehmann als weiblichbegeisterter Fidelio und das selber hingerissene Orchester ihr Teil hatten. Auch Festspiele und gerade sie haben ihren Alltag. Es ist viel, wenn sie ihre Feierstunden haben. Um dieser Feierstunden willen kamen wir, die wir nicht der Mode und nicht bloß dem Beruf gehorchen wollten. Aber das Gelingen, der Triumph der Abende unter Toscanini ließ sich nicht erwarten, nicht ahnen.

Es war auch dem Meister ein Erlebnis, das ihn beglückte. Seine Freunde fanden ihn in Salzburg verwandelt, heiter, oft fast verklärt. Seine tiefe Menschlichkeit, seine Güte und Milde brachen durch. Selbst sein alltägliches Leben verlief, fern von der Festspielstadt, die ihn vergötterte, angenehm und ohne Störung. Er kam oft als Zuhörer zu den Konzerten, in die Opern, die Bruno Walter dirigierte — und da er die Seinen in die Villa eingeladen hatte, in der er bei Salzburg wohnte, bestellte er oft Karten für manche Aufführung — aber es fand sich beim Nachrechnen, daß er sie regelmäßig zum vollen Preis bezahlt hatte. In seiner ländlichen Zurückgezogenheit genoß er die Alpenluft, war viel im Garten, viel im Freien, ging in seinem Dorf spazieren, wurde nicht photographiert, nicht angesprochen und erfreute sich der besonderen Zuneigung eines seinem Mietherrn gehörenden Hundes, der es sich nicht nehmen ließ, diesen besonderen Gast des Hauses Schritt für Schritt getreu zu begleiten.

*

Ein Leben lang waren es wohl Kundgebungen des Ungewohnten, des Geheimnisvollen, die sich durch Arturo Toscanini vollzogen: für uns, die wir das Walten des Dämons zu spüren glauben und es noch im Alltag erkennen, mit der Macht und Deutlichkeit ganz großer Erlebnisse erkennbar — aber in dem Fall eines Toscanini wohl niemand gänzlich fremd. Jeder, der ihm auch nur von außen nahegekommen ist, ahnt seine Größe und Einzigkeit. Es ist nicht nötig und ist vielleicht sogar unmöglich, sich darüber Rechenschaft zu geben: was denn nun das Wesen solcher Erscheinung sein mag. Gewiß ist, nicht bloß durch diesen *Fidelio* verdeutlicht, das Phänomen, das sich in den Triumphen eines Toscanini äußert, mehr als selbst Musik. Prägnant hat ein Amerikaner, der Bibliothekar des Kongresses in Washington Carl Engel, über die Bedeutung eines solchen Meisters befragt, zur Antwort gegeben: „Un phénomène tel que Toscanini ne s'explique guère par les lois de nous connues. C'est une de ces glorieuses anomalies par lesquelles la Nature, de temps en temps, se plait à réhabiliter le genre humain." Das heißt, aller in unseren Jahren freilich nur allzu verständlichen Ironie entkleidet: Wirkungen wie die seine kommen daher, daß er die Magie besitzt, allen und auch den gewöhnlichen Menschen ihre Ursprache, wenn auch nur für Augenblicke, zurückzugeben: das ist die Sprache jener Musik, die aus der Harmonie der Sphären abgeleitet werden muß — und damit den Glauben an die Eitelkeit aller Verwirrungen von heute, an die Gewißheit der Ahnungen und die Wohltat der uns umgebenden Geheimnisse.

LITERATUR

Außer den schon im Texte angeführten Werken:

G. M. Ciampelli, *Toscanini*, 1923
Dino Bonardi, *Toscanini*, 1929
Tobia Nicotra, *Toscanini*, New York 1929
Great Contemporaries: *Toscanini*, London 1934
La Scala a Berlino, Milano 1929

Ferner verschiedene Werke über die Scala und

Krehbiehl, *More chapters of opera*, New York 1919
Henri Rebois, *La renaissance de Bayreuth*, 1933
Ugo Ojetti, *Cose viste* V, 1931

und Essays von della Corte, Inghelbrecht, Prunières, Vuillermoz; *Il Pianoforte* (1920); Aufsätze in Zeitschriften, Tageszeitungen, Programme usw.

Von Paul Stefan sind zuletzt erschienen:

Franz Schubert (205. Tausend), 1928
Die Wiener Oper, 1932
Dvořák (mit O. Sourek), 1934
Übersetzungen: Tacitus, Daudet-
Verlaine-Sainte-Beuve, Dreiser,
Verdi (Briefe), Papini

In Vorbereitung:
Bruno Walter
Mahler (völlig neubearbeitete 9. Auflage
der Biographie)

Bildtafeln

Suse von Winternitz phot.

Otto Skall phot

Otto Skall phot.

Otto Skall phot.

Otto Skall phot.

Otto Skall phot.

Otto Skall phot.

Otto Skall phot.

Otto Skall phot.

Otto Skall phot.

tto Skall phot.

Otto Skall phot.

Otto Skall phot.

www.ingramcontent.com/pod-product-compliance
Lightning Source LLC
Chambersburg PA
CBHW021715230426
43668CB00008B/841